中国なんて二度と行くかボケ!
……でもまた行きたいかも。

さくら　剛

幻冬舎文庫

中国なんて二度と行くかボケ！

……でもまた行きたいかも。

目次

はじめに

中国には、４０００年の歴史があるという。

中国４０００年の歴史……。

はっきり言って、**どうもあやしい**。

だって、オレがまだ小学生だった20年前に、もう「中国４０００年の歴史」という言葉は使われていたんだぞ？

それが今でも全く同じ言い回しがされているなんて。

おかしいじゃないか。

もうそろそろ「中国４０２０年の歴史」になってるはずじゃないかよっ‼　全然数が増えていないとはどういうことだ‼　さては適当に言ってやがるなっ!!!


…………。

失礼しました。

ただ実際のところ、日本での長年の引きこもり生活から脱出して単身大陸に迷い込み、数カ月を貧弱旅人として泣きながら過ごしたオレに言わせてもらえば、「中国に４０００年もの歴史がある」という説は**非常に信憑性《しんぴょうせい》が低**いと言わざるを得ない。

なにしろオレは旅の間、中国全土においてくまなく散々な目に遭い、彼らの常識を超越した文化や風習を前にするたびに**「４０００年も歴史があってこれかよっ（号泣）!!」**と泣き叫ぶことになったのだから。

もしかして４０００年の歴史っていうのは、本物の歴史が２０００年分で、あとの２０００年は**海賊版**なんじゃないの??

……………。

いやあ、どうですか。

さすがにここまで書けば、この僕がいかに心から中国を愛しているかということがわかっていただけたでしょう。

そうです。僕は、中国のことが好きでたまらないのです。本当に好きなのです。中国がかわいくてたまらないのです。**かわいさ余って憎さ百億倍なのです。**

きっと、僕がひたすら中国の素晴らしさを叫び続けるこの旅行記を読んだら、みなさんにも中国という国がいかに歴史と奥深さを持つ素敵な場所かということを、わかっていただけるかもしれませんし全くわかっていただけないかもしれません。

どちらかというとわかっていただけない可能性の方が高いと思いますがしかしとにかく僕は、この1冊の旅行記が日中友好の架け橋になればと、心から願ってやまないのです。

それでは、中国を心から愛する著者による、上品で感動溢《あふ》れる中国旅行記を、どうぞハンケチーフをお供にご覧くださいませ。

※この本は、全体を通して**お食事中以外に**読まれることを強くお勧めいたします（号泣）

1　引きこもり、中国へ

ここは、ベトナムと中国との国境だ。

もはやご存知の方も多いかもしれないが、オレこと変態ことさくら剛は「中程度の引きこもり」である。

何よりも好きで好きでたまらないのが、薄暗い部屋で全裸になってテレビゲームやインターネットに没頭する時間だ。

なにしろ外に出ることが滅多にないため基本的には常に裸であり、あまりにも裸体《らたい》で画面に向かう姿が堂々としているものだから、関係者の間でオレは**裸体生活の教祖、ラタイ・ラマ**と呼ばれ、あがめられているほどである。

嫌いな言葉は、「海」「山」「キャンプ」「アウトドア」「友達の結婚式」「和気あいあい」だ。

バースデーケーキも嫌い。

たまにこじゃれたレストランなんかで、BGMとともに突然店員が客席のカップルめがけてバースデーケーキを運んで来るイベントに出くわすことがあるが、そんなシーンを目撃するとオレは店員の持っているケーキを「くらえどりゃあ〜〜っっ!!!」と**力の限り叩き落としたくなる**のだ。

……ケッ。別にいいだろそんな安物のケーキ。いくらでも弁償してやるがなほらっ（1万

円札をヒラヒラと投げ捨てながら)。※ただ今お見苦しい場面があったことをお詫び申し上げます

だがそんなオレが、なぜか杉並区のニート部屋を飛び出して幾年月、今この瞬間まさにアジア横断の一人旅を終え、バックパックひとつで中国へ入国しようとしているのだ。

もちろんオレは旅が好きなわけではない。全く反対だ。アウトドア中のアウトドアである一人旅など、もう想像するだけで身の毛がよだつ。

ためしにちょっと想像してみようっと。自分が一人旅をしている姿を。…………。**をほおおお〜〜〜っ(身の毛よだち中)!!**

そんなオレがどうしてニートをやめて旅人などという似合わない職業に就いているかというと、きっかけは大好きだった彼女がある日突然「来月から中国に住むことにしたから。**さよ〜なら〜♪**」とにこやかに言い放ち、オレの前から姿を消してしまったことであった。

オレはそこで、平常心を失った。そしてつい絶望のあまりヤケになり、気付いた時には「彼女を追いかけて中国を目指す」などという身の程をわきまえない計画を立ててしまっていたのである(引きこもりにもかかわらず)。

しかも、どうせなら遠い場所から旅を始め、「自分を鍛えながら、軟弱な自分を叩き直しながら中国を目指そう」などと考え、つい出来心で**アフリカ大陸最南端の南アフリカ共和国**をスタート地点に選んでしまったのだ。

その結果、中国に行こうと思い日本を出てから実際に中国に辿《たど》り着くまで1年以上。

そもそもここに至るまでのアフリカやアジアの旅などほんのおまけのはずなのだが、おまけのくせに奴ら（アフリカやアジア）はオレをひどい目に遭わせすぎてずるずると旅行期間を延ばし、挙句の果てになぜかオレは中国旅行に出かけたはずなのに**アフリカ旅行記やインド旅行記を出版することになってしまった**のだ。

そのおまけの旅行記のせいで、オレは自分の引きこもり体質や変態ぶり、現地の子どもをしばく姿やあろうことかお漏らしをしたことまで（しかも大の方）、世間一般に向けて余すことなくアナウンスするハメになったのである。

もはやオレがあらゆる国で下痢を繰り返し地獄を見ていることは周知の事実となり、世界ソムリエ協会ではオレに対して**史上初となる「下痢ソムリエ」の資格の授与**を検討しているというほどなのだ。

世の中には、きっと本を出すことを目指していて、「自分の書いた本が本屋さんに並ぶなんて夢のようだろうなあ」と思っている人もいるだろう。

だがなああんた、**自分がお漏らしをした描写(しかも大の方)が克明に書かれている本が全国の書店で販売されているオレの気持ちがわかるか(涙)?**

たしかに夢の一部は叶っているのかもしれない。でも、**その代わりにどれだけのものを失ったと思っているんだ。**

おのれ〜〜。どれもこれも、全部アフリカとインドのせいだ。

くそっ。このアフリカとインドっ! **おまえらのせいで「さくら剛=変態」という認識が世間に広まってしまっただろうがっ!! そんな明らかに間違っていると強く否定し切ることもなにぶん容易ならざる認識が!!!**

よ〜し、こうなったら。

ア、フ、リ、カ……イ、ンド、っと……。↑デスノートに「アフリカ」と「インド」を記入。

まあしかし、今までの経緯はともあれ、遂に今日オレが中国へ辿り着いたということは紛れもない事実である。やっとこれからは、本来の目的地であった中国を旅することができるのだ。

たしかにここまでいろいろと辛いことはあった。でもこれからは、今までとは比べものにならないくらい快適で楽しい旅になるはずである。

だって、この中国という大国は古来より日本が遣隋使や遣唐使を送り法律や技術を学んだほどの超先進国じゃないか。しかも我々は同じ東洋人、数多くの文化を共有する**大事な隣国の友人**なのだ。

考えてみなよ、中国ほど日本に好意を持ってくれている親日国家が他にあるかい？　教えて欲しいよ、もしそんな国があるのなら。**もし中国より親日度が高い国がこの地球上にあるのなら、教えて欲しいよ。**

……………。

え？　なに？

ふむふむ……。

ありがとうございます。**190カ国ほど教えてもらいました。**

たくさんあるんだね。隣の国なのに**どうして（涙）？**

ともあれベトナムからの国境を越え、イミグレーションを出るとまさにそこは夢見ていた中国の街並みであった。

街に並ぶ漢字の看板……。そして道行く人々の、自分と同じ東洋の顔立ち。

　こうして一歩足を踏み入れただけで、地理的な距離以上に、文化的にも生物的にもいかにオレたち日本人が中国の人々と近い存在なのかということを身に沁《し》みて感じる。

　思えばそれこそ2000年近く前から、中国の文化は日本の、我々の生活に深く入り込んでいるのである。報道番組を見ていても、他のアジア諸国と比べて中国のニュースというのは目にする機会が圧倒的に多い。**悪いニュースだけど。**

　ともあれオレ自身も幼少の頃よりジャッキー・チェンとリー・リンチェイ（ジェット・リー）の映画を見て、餃子をつまみウーロン茶を飲んで育った人間だ。本能的に、心の底から中国のことが好きでたまらないのだ。だから、この先たとえ何が起ころうとも、オレは中国の全てを受け入れる覚悟がある。だって日本と中国は、手を取り合って生きて行かなければならない友なのだから。**僕は、中国を愛します。信**

じます。

ということでこれからいよいよ中国を旅するわけだけど、大丈夫なのかね。ホラ、衛生面とか。

言っとくけどオレ、食べ物も日用品もチャイナフリーの製品しか信用しないからね。そのあたり気をつけて欲しいんだけど。頼むよ。**ちゃんとチャイナフリーの考え方が推進されてるだろうねこの国は？**

さすがにここは国境の町だけあり、少し歩くと英語を話す宿の客引きがやって来て、今日は旅行者用のごく普通のシングルルームに泊まれることになった。

良かった。とりあえず初日は安静に過ごせそうだ。実はオレはベトナムで肺炎にかかってしまい、ほんの1週間前まで入院しておりまだまだ療養が必要な身なのだ。

そうだ、ついでに薬もくれませんか？　漢方薬とかあるでしょ中国なら。ちょうだいよ漢方薬。ちょっと待って！　**チャイナフリーのやつにしてよっ!!　チャイナフリーの漢方薬じゃなきゃヤダからねっっ!!!**

部屋で一休みすると、とりあえず食事をするため出かけることにした。なにしろ年収5万円のオレなので、倹約のため地元に根ざした庶民的な安食堂に入ることに。

壁にずらりと並ぶ中華料理のメニュー。

今のレートでは1元が15円ほどなので、ほとんどの料理は100円以下というお得ぶりだ。

では、エクスキューズミー！　おじちゃん、回鍋肉と麻婆豆腐をくれアルよっ!!

ううう〜む。

これは、なんという恐れ多い贅沢だろうか……。1人なのに2皿のおかずを頼んでしまうなんて、こんな豪遊が許されていいのだろうか。**権力の絶頂にいた頃の楊貴妃が駄々をこねても出てくるおかずはせいぜい1・5皿だったというのに。**※そのような事実はありません

でも、待てよ。喜んでばかりではダメだな。この回鍋肉と、麻婆豆腐の食材の産地はどこなんだろう。ちゃんと国産品を使っているだろうね？　**まさか、国産だと偽って中国産を使っていないだろうね⁈**

あっしまった、ここでは国産が中国産か……。まあ仕方ない。これから何カ月も中国をさまよおうというのに、チャイナフリーのポリシーを貫いていたら餓死するしかないからな。ここは運を天に任せるしかない。中国では下水から油を作っているという噂もあるし、食堂でご飯を食べたお客さんが何十人もバタバタ死ぬような事件もたまにあるけど（なんであるんだよ）、ここはもう「自分だけは大丈夫だ」と思い込んで乗り切ろう。

衛生面さえ気にしなければ大満足な中華料理（そうは言ってもほとんどのお店は衛生状態も悪くはありませんので誤解なきよう願います）を食べてその日は静かに一泊、翌日オレは長距離バスで10時間ほど揺られ、雲南省の省都、昆明《こんめい》へ移動した。

中国の辺境・雲南省といえども、省都ともなればもはや大都会である。バスターミナルから出て少し歩くと、幹線道路を走る多くの車に、高層ビルやホテル、ファストフード店などが目に入る。もはや、日本となんら変わらない先進国の光景だ。

このままなら、メイドカフェなどができるのも時間の問題ではないだろうか？　中国にメイドカフェを作ったら、これがホントのメイド・イン・チャイナ**なんちゃって（たくましい表情で）**。

オレは宿まで市バスに乗って移動しようと思い、バス停でしばらく待つとやって来たのはこれも日本のものとなんら変わらない、むしろもっと最新式に感じられるピッカピカのバスであった。

プシューッと自動ドアが開くとオレの前に並んでいたおじいさんがステップを上がって意気揚々と乗車したのだが、なぜか彼が上がりきらないうちに凄い速さでまたプシューッとドアは閉まり、おじいさんは片腕を根元からドアに挟まれた。オレが「えっ、これはどうしたこと？　えっ？」とうろたえているうちにそのままバスは発車し、おじいさんの腕1本をドアの外にぶら下げたまま、**まるでバスが車体から小さな腕を生やしたかのごとく、**ムキーッ!!　と怒るジェスチャーをしながら腕の生えたバスは夕暮れの街に走り去って行った。

……………。

まあオレは、次のバスを待つとするか……。

やっぱり、**日本となんら変わる光景だな中国は。**

その後のバスに乗り到着した宿の部屋は、旅行者もいれば出稼ぎ中の現地の人もいる、4人ひと部屋のドミトリー（大部屋）であった。

ところで……。この宿、ドミトリーであるからには、当然トイレは共同だ。

昨日の宿はシングルルームだったので、ここがオレが出会う初めての中国式トイレとなるわけだ。中国のトイレはいったいどんなものなのだろう？　他のアジア諸国と同じく、和式とほぼ同じ、便器にしゃがんでする形式だろうか??

とりあえず寝る前にオシッコをしようと、オレは廊下を歩いて共同トイレへ向かった。黒くゆがんだ、年季の入った木製のドアをギーと押すと……

ん？

ちょっと待てコラッッ!!!

おい、あんた。

何か、**大事なものを忘れてないかい？　ひとつ忘れちゃったものがあるよなこのトイレを作る時に**。

そうだよな。忘れてるよな。**ドアを**。

いいか普通はなあ、共同トイレに入った時点ではまだ大便器は**見えないもんだ**。最初の扉を開けても、もう1段階個室のドアがあって、それを開いて初めて大便器さんが姿を現すもんだろうよ。それがどうだい。**そんなに簡単に顔を見せちゃいけねえよあんた。近頃はなにかと物騒だ。もっと奥に隠れててくれにゃあ**。

まてよ。

そういえば、ガイドブックに書いてあったような気がするぞ。基本的に中国の公衆トイレには、**個室というものは存在しない**と。

そうだ……噂に聞いていたドアのないトイレ、それがこれか……。

まだ左右には肩くらいの高さの仕切りがあるが、正面にドアがないため、ふんばっている最中に他の人間が入って来たら何もかもが**まる見え特捜部**である。

どうやらそういうことらしい。中国の公衆トイレでは、たとえ大の方であろうとも、**いつだって他の利用者と顔を合わせながらいたさなければならない**のである。「あっ、あの人下痢気味だね。なんか悪いもの（毒ギョーザとか）でも食べたのかなあ？」なんてことが赤の他人でもわかってしまうのである（涙）。

なんでも、使用中に平気で他の人と喋《しゃべ》ることができるという点で、中国のトイレは「ニーハオトイレ」と呼ばれているらしい。**……そんなうまい呼び方を考えてる暇があったらドアくらい作れよオイ。**

いくら左右から隠されていようが、肝心の正面にドアがなければ全てが台なしだ。仮にこのトイレ全体が1匹の竜だとしたら、ドアというのは竜の瞳である。つまり、この状態はまさに**正真正銘の「画竜点睛を欠く」**ではないか。さすが中国……、自国のトイレを表現するために実にうまい格言を考えたものよ……。

今はまだ他の使用者がいない上にオシッコをするだけだからいいけど、明日の朝なんかどうなってしまうのか。現地の人間をはじめ世界各国の旅行者がお互いにあんな姿こんな姿さらけ出し、それこそまさに**世界まる見え状態**ではないか。ああ、考えるだけで恐ろしい。頼む、明日よ、来ないでくれ。明日は来なくていい。ずっと今日でいい。

しかし……。

清廉な美少年の切なる願いも虚しく、ひと晩寝たらあっさり明日は来てしまったのでした。

くっそ……なんで来るんだよ明日……。**来ないでくれって言ったじゃないかっ！　なんだよ明日‼**　なんて言ってもまあ基本的に誰にでも明日は来るものなので、素直に観念してトイレに行こ～っと（大をしに）！

ぐおおお～～～～～っっ（号泣）!!!

さすがに朝だけあって、共同トイレのメインドアを開けた途端に目に飛び込んで来たのは、パンツを下げて便器を跨《また》ぎ、通路側（こちら側）を向いてしゃがんで踏ん張っている2人の屈強な男（青年＆おっさん中国人）の姿であった。

初めてだ。生まれて初めてだ。大便中の他人の生姿《なますがた》をこんな至近距離で見るのは（しかも見ず知らずの男）。女性の排泄シーンならアダルトＤＶＤで何度も見たことあるけどさ……男は初めてだよ……見たくないよ……（涙）。あっ、今ちょっとまずいこと言ったねオレ。

ともかく、これはものすごい衝撃だ。なんというマイナス効果しか生まない光景。たしかに「海外での異文化体験」というものは貴重でありプ**ライスレス**なものかもしれないが、しかし屈強な男の生大便《なまだいべん》シーンを直《じか》に見るというこのエクスペリエンスが、少しでも今後のオレの人生に有益に働くのだろうか？　**これも自分探しの旅の一環なんだろうか？**　自分が見つかるのだろうかこの壮絶な景色の中で。もしかして、踏ん張り中のおっさんの尻から落ちつつあるあの長いの、**あれが探していた自分（号泣）⁇**

オレはなにがなんでも他の2人に目線を向けないようにまっすぐ歩いて空いている便器の前で足を止めると、直角に曲がって仕切りの間に入り位置についた。よし、これでなんとか視界から排便中の2人の姿は消えたぞ。

しゃがみながらズボンを下ろす。そして、パンツを…………。

ううっ。オレの高校時代の同級生には、もう幼稚園に通う娘がいるんだぞ？　もうそんな年齢なんだぞオレは。そんないい年齢のいい大人が、なんで中国の安宿で朝から**ストリップ排便ショー**に出演しなきゃいけないんだよ……。

とりあえず正面から見た場合に脱いだズボンとパンツで股間が隠れるように、うまく膝に引っ掛けてしゃがんで……、よしこれでなんとか自分の体はカバーできたぞ。

股間は隠れても便器の中にある尻から出たものは見られてしまいそうだが、でもそれはまさしくオレの尻から落ちた瞬間を見られない限りは100％オレのものだとは断定できないわけだし。証拠がないもんな。最悪「これは元々この便器にあったものなんです！　僕は今来たばっかりで、まだ何もしていないんですっ（涙）!!」と涙ながらに主張すれば、DNA鑑定でもされない限りは疑わしきは罰せずの原則に従って…………、というか、朝だから凄く人通りが多いよなあ。**おいおい、廊下を通る人がみんなこっちを見てるじゃないか（涙）。**

ん？

し、しまった!!　なんでトイレの外を通る人間と目が合うんだと思ったら、**オレが入り口のドアを閉めてないんだ!!**

個室になっていないとはいえ共同トイレそのものにはドアはあるのだが、その廊下とトイレを隔てるドアを、オレはあまりに動揺していて閉め忘れてしまったのだ。

もうパンツまで脱いでスタンバイの体勢に入ってしまっているため、今さら閉めには行けない。……すまん、すまん隣で踏ん張っている2人。オレのせいで、廊下を通る他の宿泊客から踏ん張りシーンが丸見えだ（号泣）。ああすまない（涙）。

オレは、緊急対策として両腕で頭を抱え込むようにうつむき、顔を隠した。これこそまさに**正真正銘の「頭隠して尻隠さず」**であるが、顔さえわからなければそれでいいんだ。まだこの状態を見知らぬ人間、特にこんな風景に慣れている中国人に見られるのは構わないが、ルームメイトの外国人旅行者などと顔を合わせてしまうのは絶対にイヤだ。そこまで受け入れ合う仲じゃないからオレたち。

本来ここは男子トイレであるが、今に限っては男女関係なく**廊下を行く宿泊客全員からオレたちの排泄シーンは丸見え状態である**（オレが入り口のドアを閉めなかったせいで）。

もしもオレと結ばれる運命にある女性がたまたまここに宿泊していて、そして**神が決めた運命というのは絶対に変えることができないとしても、**この排泄シーンを運命の女性に目撃されたらその瞬間赤い糸はスッパンと切れ、神様も**「ええっ!!　運命って変わっちゃうことあるの⁇　知らんかった……それマジ衝撃だわ……」と初めて気付くのではないだろうか。**頼む、どうかこの宿にたまたま泊まっていないでくれ福田萌ちゃん!!

さて、そんな状況ながらもとりあえずモノを出したはいいが、中国では、出した後には日本と同じくトイレットペーパーで尻を拭くシステムになっている。ところが中華便所の特徴的なところは、尻を紙で拭くくせにそれを水で流してはいけないのである。トイレが詰まってしまうため、拭いた後の紙は備え付けのゴミ箱に捨てなければならないのだ。

先ほど（23ページ）の写真で、仕切りの手前に2つの丸いゴミ箱が設置されているのがわかると思う。ここに使用済みペーパーを投入するのだが、ここでまた恐ろしいのがそのゴミ箱の中身だ。

なにせみんなが次々に使用済みを捨てるものだから、繁忙期（朝方）のゴミ箱は大抵山盛りこんもりし、しかも**茶色いピ――（自主規制）がモロにピ――（自主規制）ているのである。ぐえ～～～～っ（号泣）**。

みんなさあ、捨てる前に**ちゃんと紙をたたもうよ。**後の人が気分悪くならないように、アレの付いた部分は見えないように折りたたむのがマナーでしょ？　それが大人ってもんでしょ（涙）??

その上、問題はそれだけではないのだ。

次なる難点は、ゴミ箱が隣の人と共用だということである。仕切りがあるため隣の人の様子はわからないのに、ゴミ箱だけは同じものを共同で使わなければならないのだ。

ということはつまり、タイミングが悪ければ両方の人間が同時に使用済み紙をゴミ箱に投入しようとし、**ワンテンポ早く手を出した方が、遅い方の茶色いシミ付きペーパーの**

直撃を受けることも考えられるのだ。それこそまさに思想家キルケゴールが「死に至る病」と表現した、「絶望」の世界ではないか。

ただ、絶望の淵に一輪の花が咲くこともないことはなく、たまたまそのように隣のおっさんと同時に使用済みペーパーを捨てようとして**手と手が触れあい**、それをきっかけに**新しい恋が芽生える**なんてこともあるかもしれない。使用済みトイレットペーパー（茶色）から生まれた恋である。今は仕切りにより隔離されているが、明日からはもう何ものも2人の仲を隔てることはできないのである。ああ…………、なんてバカバカしいんだ(涙)。

そそくさとズボンを穿《は》くと、オレはまだまだ顔を隠し恥じらいながらトイレを出て部屋に戻った。

きっと、中国ではもう何千年も前からこの形式の世界まる見えトイレットなんだろうな……。こんなトイレじゃあ、**小野妹子《おののいもこ》も随分苦労させられたろうに。**

妹子以外の他の遣隋使メンバーも、滞在時にはみんな大変な思いをしたはずだ。おそらく隋から帰国して聖徳太子に報告した内容は、ほとんどが「いや〜、隋のトイレってマジ最悪でしたわ。だって、ドアがないんすよ？　それに紙で尻拭いたらゴミ箱に捨てるんですよっ!!　しかもみんなちゃんとたたまないもんだから茶色いのが見えてもうおげれつ極まりないのなんのって！　信じられないっしょ!!　**妹子かなしいっ（号泣）!!**」みたいな愚痴だったに違いない。しかしそれではあまりにも品格がないということで、推古天皇に伝わる前にトイレの話は**聖徳太子判断で報告書からもみ消された**のではないだろうか。

ただ、小野妹子といえばよく女性に間違えられる紛らわしい名前のため、実際中国で女性のフリをして女子トイレに入ってしまえば、男子トイレから一転してそこにはまさに**めくるめく下半身の夢想郷（シャングリラ）が……**。

オレもこれを機に、中国にいる間は女装に目覚めようかなあ。

でも、**漢字や律令制度と一緒にこのトイレの習慣が日本に伝来しなくてよかった。**ちゃんと取り入れるべき文化とそうでないものをうまく見極めた、遣隋使と聖徳太子、ありがとう。

ああ、もう帰りたい（号泣）。

2　あああおもしろい夢の石林遊山

それにしても、中国は４０００年の歴史があって神舟5号は宇宙を飛び、核兵器を大量に保持してオリンピックも開かれるような大国なのに、トイレにドアすらないとはどういうことなんだ。

あんたら、４０００年の間いったい何やってたんだよ!!　**宇宙船や核兵器より先にトイレのドアを作れよっっ!!!**

なんてことは、言ってはいけませんよねアジアの友人として。

では今の言葉は、撤回します。「宇宙船より先にトイレのドアを作れ」などという発言は、**撤回します**。撤回したからには、これでもう最初から言わなかったことと同じですね。ああよかった一切の暴言がなかったことになって。

我々日本人は、中国の隣人であり友なのですよ。短所より長所に目を向けてあげるのが友達ってものでしょう？　だから、この際逆にトイレにドアがないということを、**良いところだと捉えようではありませんか**。中国はこうしてトイレにもドアを付けないほどの、**何事も隠し立てをしないオープンな国なんです**。何もかも、包み隠さず全てを曝《さら》け出した付き合いをしてくれるのですよ彼らは。

ほらその証拠に、中国政府はチベットやウイグルでの人権侵害のことも一切隠蔽《いんぺい》せずに情報公開をしているじゃありませんか。それこそまさに、トイレにドアがないという忌憚《きたん》ない精神性を持っているからこそ、なせることじゃあありませんか。

…………。

うーん。やっぱり、してないね。

落ち着いて考えてみると、やっぱり全然情報公開**してないね。**

あんたらさあ、**逆だろうがそれっ!!　チベットやウイグルの情報はちゃんと公開して、排泄中の姿の方を隠せよっ!!　隠すべき方をちゃんと隠せっ!!!**

ああ……、どうかこの旅行記が、中国当局の方々に**読まれませんように（涙）**。

では頭を切り換えて、これから初めての中国観光に出かけよう。

この昆明が国境の町と決定的に違うのは、もはや英語が全く通じないということである。昨日まではまだ国境だけにカタコト英語がギリギリ通じる雰囲気はあったのだが、ここでは食堂でも宿でも売店でも、人々が話し理解するのはただ中国語のみ。

オレは旅立つ前に少しだけ勉強して来たので、まだこちらの意思を伝えるのは幼児レベル中国語＋筆談でなんとかなるのだが、ヒアリングになるともうからきしダメだ。何を言われても全部「チャンチューシーチョーシーチャンシュオシー」てな具合にしか聞こえない。

もちろん、聞き取りの練習をしなかったわけではない。ちゃんと日本を出る前に「タモリの4カ国語麻雀」を聞いて予習に励んだのだが、残念ながらタモさんの中国語はレベルが高すぎてついて行けなかったのだ。

ともかく言葉についての不安はかなり大きいが、中国に来てまで引きこもっていても仕方がないので、オレはたくましく宿を出ると昆明汽車站へ向かった。

「汽車站」というのは「チーチョージャン」と読むのだが、これはバスターミナルのことである。

中国語では、電車のことは「火車（ホーチョー）」、バスのことは「汽車（チーチョー）」と言うのだ。「汽車」が「電車」のことでなく「バス」だというのがこれまた奇想天外というか、**間違ってるぞあんたら**。あなたたち、漢字の発祥の国でしょう？　なんでそんな初歩的なミスを犯してるのさ？　**ちょっと漢和辞典を調べれば正しい意味がわかるでしょうよ？**

今日これから向かう昆明の観光地は、石林《せきりん》である。「石林」という文字どおり、細長い石が塔のように立ち並んでいる風光明媚な所らしい。

汽車站に着くと早速石林行きのバスを探すのだが、これがなかなか見つからない。切符売り場のおばさんに「石林」と書いたメモ帳を提示してみると何やら早口で「ニーシーチューチーチョー!!」と教えてくれるのだが、**ひとっこともわからない**。

おかしいよやっぱり。オレたちは顔つきも同じだし歴史上一番長い付き合いがあるのに、こんなに話が通じないのはおかしいよ。

……もしかしてあなた、**単なる意地悪で「チューチョーチーチョー!」と意味のない言葉を適当に叫んでいるんじゃあるまいなっ!?**

う〜ん困った。しょうがないから、別の人に聞いてみるか……オロオロ……

「あのすみませんそこゆくお方。僕は石林に行きたいんですがバスは……おろおろ……」

「ニーシーチューチーチョーニーシーチューチーチョー!!!」

「おあっ!!　すみません(涙)!!!」

じゃ、じゃあ向こうにいる掃除のおばちゃんに……おろおろ……

「あのすみませんおばちゃま。石林にはどのバスで行ったらよいのでせうか……おろおろ……」

「ニーシーチューチーチョーニーシーチューチーチョー!!!」

「いやああっ!!　ごめんなさい(涙)!!!」

ああ、あそこの売店の人の良さそうなおじさんに……おろおろ……

「お尋ねします～。バスで石林まで行きたいんです～～行きたくてたまらないんです～～（号泣）」

「ニーシーチューチーチョーニーシーチューチーチョー!!!」

「ひひいいんっ（涙）!!　そんなに怒らないでお願いっ（号泣）!!!」

あっ、バスターミナルなのになぜかノラ犬が入って来てる。ノラ犬が寂しげにウロチョロしている。

「ノラ犬さん。僕は石林にバスで行きたいんですが、バスが見つからないんです（涙）。周りの人に聞いても何を言っているのかわからなくて、**辛いんです（号泣）**」

「クウ～～ン」

「辛いよね。同じだよね（涙）。キミも中国語が理解できないんでしょう??」

「キャイ～～ン」

「そうだよね。わかるよ。一緒に泣こうよ」

「ワオ～～～ン!!」

「うお～～～～ん!!!」

…………。

ああ、うれしい。**この汽車站に来て、初めて誰かとわかり合うことができたよ（涙）。**

なんなんだよ。どういうことだ。中国人より、そこら辺を歩いてるノラ犬の方がよっぽどコミュニケーションがとれるじゃないかよっ!!

「ニーチュイシーリンマ？」

「イヤ〜〜〜〜ッッ（涙）!!　お許しになって〜〜〜〜（号泣）!!!」

「ニー！　チュイシーリンマ!?」

「おやめになって〜〜〜っっ（号泣）!!!……えっ？　しーりん？　今しーりんて言いましたあなた??　そうです僕はしーりんに行きたいんです!!　シーリン、略してシリに行きたいんです!!」

「ライ!!」

オレがあまりの辛さにノラ犬と抱き合って号泣していると突然現れたしーりんおばちゃんは、「ついて来いアル！」という命令をジェスチャーで表すと、掃除されたばかりのターミナルの床にペッペッと唾を吐きながらりりしくオレの前を歩き出した。

これは、汚くも頼もしいではないか。本日、**ノラ犬以外で初めて双方向の意思伝達が成立した生命体**が、このしーりんおばちゃんである。

おばちゃんを追いかけて汽車（バス）の間をすり抜け道路を横切り裏通りに入ってとある

ホテルの駐車場に行くと、そこにも1台の汽車が停まっていた。

「ライ！　ほら、もう出発アルよ！　早く乗るアル‼」

「わかりましたアルっ‼　謝々！　謝々謝々‼」

「プーヨンシェー（どういたしましてアル）」

慌てて駆け込みひとつだけ空いていた座席に座ると、すぐに汽車は発車した。

やっと見つけたぞ……。それにしても大変だったな。だいたい、なんでこんな普通のホテルの駐車場から石林行きなんだよ……絶対わからないじゃないかよこれじゃあ……。

「ニー！　ケイウォーウーシークワイチェン‼」

「ハイッ‼　なんですか？　50元ですかっ⁇　はいどーぞ‼」

先頭にいた若いおねーさんに金を渡すと、彼女はカバンに紙幣をしまうやいなやマイクを持って「ニーシーチューチーチョーニーシーチューチーチョー‼」と車内に向かって喋り出した。なぜか、手に小旗を持っている。どうも、「今日の予定は10時に○○寺に着いて1時間見学、それから12時に昼食を摂《と》りまして午後1時から3時間ほど石林の見学となります～」てなことを解説しているようだ。

バスの中を見渡すと、オレ以外全員中国人で満席である。家族連れも多く、実に騒がしい。

……………。

これはツアーバスじゃないかっ!!　中国人の団体ツアーにオレひとりで参加させられているっっ!!!

なんてことだ。泊まっている宿からも外国人用の石林ツアーは出ているけど、オレは協調性がないからわざわざ個人的に行こうとしたのに。それがどうしていつの間にか中国人団体観光客の一員になっているんだオレは。……まあ、協調性に関してはオレだけじゃなくこのバスに乗っている**全員なさそうだけど**。

よくわからないまま中国人団体さまご一行の観光バスに乗せられて2時間ほど。我々は最初の観光地、否、**最初のお土産屋、宝石ショップ**に着いた。

こういうのがあるからツアーは嫌なんだよね……。

こんなところに連行されても誰も土産なんて買わないだろう、と思っていたらツアー客は全員怒濤《どとう》のように店の中に突撃して行った。その上、後から後から次から次へ別の観光バスがやって来て、中国人の団体さんが長江の氾濫のごとくどんどん宝石屋になだれ込んで行くではないか。

いかん、これは大変だ。自分のグループに合流しておかないと迷子になる。おおいっ!!

ちょっ、待～て～よ!!（キムタク風）

急いで店の中に入ると、体育館くらいの広いスペースの会場にショーケースが何重にも並び、目を輝かせて行ったり来たりする小金持ちの中華人民の方々がオレを容赦なくはね飛ばして行く。

ドスン！　「あれ〰〰っ！」

ドスン！　「あれ〰〰っ（涙）！」

あんたら……、人にぶつかったら少しは謝れよなっ!!　そもそもなんで見ず知らずの相手にそんな容赦なく堂々とぶつかれるんだよ!!　**尖閣諸島沖かここはっ!!!**

ドスン！　「あれ〰〰っ（号泣）!!」

「トイプチー！」

おおっ。今の人はちゃんと謝ったぞ。

中国語では、「すみません」を「対不起」と書いて「トイプチー」と発音する。中国人でも謝れる人はちゃんと謝れるんだな。他の人たちも、みんながそういう態度だったらいいのに。

…………。

いや、ちょっと待って。

あんたなあ、トイプチーってなんだよトイプチーって。人にぶつかっといて「トイプチー」はないだろうよっ‼　まあ、「トイ」の部分はまだいいよ。そこはまだ許すよ。でもな、「**プチー」とはなんだっ‼　プチーって‼!　お詫びの気持ちを示すなら常識的に「プチ」なんてお茶目な発音は使わないもんだろっ‼!　モンプチじゃあるまいし‼　それが人に謝罪する時の言葉かっ‼　真剣味が足りないんじゃっ‼!**

もう人が多すぎる。自分のツアーグループをこれだけの集団から見つけ出すのは至難の業だ。

オレは出口へ先回りすると、見覚えのある女性添乗員さんが出て来るのを待ってなんとか彼女についてバスへ戻ることができた。

一応彼女の方も、ちゃんとオレのことは認識していたようだ。きっと最初の乗車時にしておいた、愛され上手なオレのウィンク攻撃が効いたんだな……。たしかに「ニーシーチューチーチョーニーシーチューチーチョー!!」とガイド中の彼女から、同時に「メロメロメロ〜〜!」というオレに対する**メロメロする効果音**も聞こえてきたもん。どうだい後世の兵法家諸君。これが孫子の兵法書にも載っていない、**恋の火計だよ**。

宝石屋を出ると次に連れて行かれたのは中華風のお寺だ。人呼んで岩泉禅寺。

ここも人が多すぎて観光は二の次、ただオレは添乗員さんについて行くのに必死であった。

本堂の祭壇には文字が書かれた赤いローソク

が並んでおり、順番に人々は整列して手を合わせお祈りをしている。せっかく来たんだし、オレもとりあえず願をかけておくか……。

神様、どうかこれから将来にわたって日中友好がますます進みますように。中国政府が東シナ海の油田を勝手に採掘しませんように。中国から海賊版商品やネットの検閲が消え、**言論の自由が保障されて誰でも共産党をのびのびと批判することができるようになりますように。**

神様「それは無理です」

「あっそうですか」

……やっぱりダメだって（涙）。

寺の見学を終えるとお昼時、再び山間《やまあい》の田舎路を走って我々はレストランへ。バスを降り階段を上って中級食堂の2階に行くと、いくつかの中華テーブルが並んでいた。

ご存知の方も多いと思うが、中華テーブルというのは円卓の上にもうひとつ丸い板がのって、それがクルンクルン回転するようになっている。

なぜそんな構造になっているかというと、中華料理というのは通常1人に1皿料理が出るのではなく、各料理それぞれテーブルで1皿なのだ。だから、その1皿の料理がのったターンテーブルを勢い良く回して、**回転が止まった時に料理の目の前にいる人だけがそれを食べられる**という、**抽選の機能**を備えているのである。どうだい、中華料理の世界は奥が深いだろう。

でも、正直オレはあまりこの回転テーブルが好きじゃないんだよね。だって、ぐるぐる回すとなんとなく**皿が飛んで行ってしまいそうな気がするじゃないか**。特にザーサイには申し訳ないけど、ザーサイ程度のものになるとみんな敬意を払わないので、激しく回すたびに低い皿がスパンスパン飛んで行ってしまいそうになるのだ。これがジャッキー・チェンともなれば、**その飛ぶザーサイを使って敵を倒しそうである**。

まあとにかく、席に着こうじゃないか。まあまあみんな遠慮なくかけたまえよ。何兆円もODAを出しているからって、日本人のオレにそんなに気を使う必要はないんだよ。さあさあ、みんな座って！

「ちょっとそこのあなた！　リーベンレン（日本人）！」　↑雰囲気とボディーランゲージを無理やり和訳

「なんどすえ添乗員さん？」

「あんたはツアーの正式な参加者じゃないから、席がないのよ。そのへんの安食堂に行って自分で食べて来なさい」

「うっそ〜〜〜ん（号泣）‼　ひどいっ！　それはあんまりだ‼　反日運動だっっ‼」

「今朝急に参加したものだから、あんたの分は予約が取れてなかったのよ。しょうがないでしょ」

「仲間外れなんて嫌ですっ。こうなったら……、これでどうだ‼　**オレのウィンクでメロメロになりやがれっっ‼　パチクリ！　ピチクリ！」**

「メロメロメロ〜〜ッ♡」

「はっはっは。どうだ参ったか」

「**だからといってダメ。**出て行きなさい」

「そんな〜っ（号泣）‼」

オレは団体からポイッと放り出されると仕方なく別の場所にあった安食堂に入り、一切回転しない足の折れかかった四角いテーブルに座って、麻婆豆腐を自費で注文しあまりの辛さにヒーヒー言いながら1人寂しく食べたのであった。

昼食後、バスに戻り三度《みたび》走ること小1時間、ようやく本日の目的地、石林の入り口に着いた。

うーむあの岩に書かれた表示を見ると、これはどうやら石林ではなく、**林石《はやしいし》だな**。間違ってるよガイドブック。訂正しないと。

旗持ちの女性添乗員さんに従って団体行動で石の林の中に踏み込むと、さすが林というだけあって迷路のようだ。

ここでも他のツアー団体が怒濤のように入り混じっていて、ちょっと石柱の景色に見とれていたり、石林になじむ決めポーズを考えていたりすると、すぐに所属団体を見失ってしまう。

……仕方ない、ここはプロジェクトGの発動といくか。

説明しよう。「プロジェクトG」とは、今回のように自分が所属するグループがわかり辛くはぐれる危険を感じた時、団体の中で最も年長と思われるおじいさんを見つけ、そのおじいさんだけを集中して追尾するという手堅い作戦である。

なにしろ、おじいさんというのは歩くのがゆっくりな上に添乗員からも注意深く面倒を見られている（ツアー中にお亡くなりになったりしたら大変だから）ため、恰好のターゲットなのだ。

オレが今回目をつけた、プロジェクトGのターゲットは下のおふた方である。

どうだ。もちろんおふたりとも誰にも恥じることなく人生を生きて来られた、オレの何倍もの人格者でいらっしゃるだろうが、しかしさすがに歩く速さだけはオレでも勝てそうではないか。

いくらなんでもこのおふたりの後塵《こうじん》を拝すようなことがあったら、その時はさすがのオレも覚悟はできている。そんなことになったらもう引退である。ベテラン野球選手を見習って、オレもその時は黙ってバットを置こうではないか。オレの、**股間のバットを。**股間のバットを取り外し

たら、そのまま石林の新しい石柱として据え付けちゃうよ。他の石柱と違って弾力がある上に大きさも変幻自在だから、一躍ナンバーワンの見所になっちゃうよ。触ってもいいよ。

っておおっ!!　じいさんが!!　じいさんが岩場の階段をものすごい速さで進んでいるっ!!

標的として目をつけていたヨボヨボのはずのおふたりは、オレが股間のバットを石林の**名物たるにふさわしいかどうか**念入りにチェックをしている間に、添乗員の後をついてまるで無人の野を行くがごとく急な石段を駆け上がっていた。

な、なんでじいさんなのにそんなに速いんだ。岩場だぞ岩場。普通こんな険しい岩場にじいさんが来たら、事故のひとつや2つも起こってツアーが一時中断するものじゃないか。わかったぞ。**中国名物のワイヤーアクションだな!!　ワイヤーアクションを使っているんだろう!!　そうでなきゃあんなヨボヨボおじいさんが八面六臂《はちめんろっぴ》に石の上を飛び回れるわけがないっ!!!　ワイヤーアクションか、さもなくば中国雑技団出身だなっ!!!**

オレは引き離されてなるものかと石の階段をダッシュで駆け上がったところ、石だけに各段の幅が全然違うものだからバランスを崩して足をくじき、しばらく1人で体育座りになって痛みに耐えていたらおじいさんが心配して添乗員を呼んで来てくれた。

ああ、どうもありがとうございます（号泣）。もう無理。動けない。**オレはおじいさんより弱いの。おばあさんよりもろいの。**

迷路から迷い出た後は、また出口近くのお茶屋さんに連れて行かれ、そこはやはり2人のおじいさんは若い娘には弱いらしく、女性店員に言い寄られて高いお茶をおびただしく買わされていた。

そんなこんなで、まる1日かかった石林ツアーは終了し、オレは昆明へ戻ったのである。

それにしても、中国の方々に混じってのツアーはとても疲れたのだ。おじいさんおばあさんを大切にしよう!!

3　奇跡の漢方医登場!

誰が言ったか知らないが、昔から世間では中国の食文化について、「中国では2本足のものは親以外、4本足のものは椅子以外なんでも食べる」と言われているらしい。たしかにその格言の通りであり、実際に近所の食堂では中国の方々が**兄弟や机を食べているところ**を頻繁に見かける。というような冗談はさておき、それでもやはりこの国の人々の食へのこだわり、調理センスというのは天才的だと思う。

昨日など、安食堂に入ったはいいが店主の中国語が理解できずおろおろしていたところ、「ええい面倒だ、こっちに来て食材を選びやがれっ‼」と厨房の棚に連れて行かれ、「じゃ、じゃあこれとそれとあれで適当にお願いします」とジェスチャーで訴えると、「よーしわかった！　待ってろ！　ザクッザクッザクッザクッザクッ　**ゴーーージャーーー！　ジャージャー‼　ガゴンガゴンガゴン（鍋を振る音）‼**　ほら食えっ‼」と、あっと言う間にでき上がったのが次ページの写真だ。

客が気分で選んだ食材を使って、即興で目にも止まらぬ早業で作った料理がなんとも美味《おい》しいのなんの。思わず胸もキュンとする、見事な食への技術と感性ではないですか。

中国の方々はこのような至高の技がありながら、歴史上では**イナゴの襲来で飢饉になったりしている**からよくわからない。たとえ農作物をイナゴの大群に食い荒らされたって、

「よっしゃ！　**こりゃイナゴの豊作だ！　ザクッザクッザクッザクッ　ゴーーーージャーーーー！　ジャージャー!!　ガゴンガゴンガゴン（鍋を振る音）!!!」**と、**イナゴを使ったあらゆる料理が食卓に並びそうじゃないか。**どうして食材が大量に飛んで来ているのに飢饉になってしまうんだ??

もしかして、2本足のものは親以外、4本足のものは椅子以外、**6本足のものはイナゴ以外**をなんでも食べるという風習があるのだろうか中国は。

さて、今日は昆明から別の町へ移動である。重いバックパックを背負って、昆明駅から長距離電車に乗車。

初めて乗った中国の電車だが、切符は筆談で

すんなり買えたし、車内での人々のマナーも良く、せっかく身構えていたというのになんだか拍子抜けする。

なにしろ入国前に話を聞いた限りでは、中国で電車に乗ればそれは現地人との戦いの連続、終点までに5、6人は走る快速電車から蹴落とし泣き叫ぶ女子《おんなこ》どもを蹴散らし、こっちも**腕の1本や2本と100万円くらいはなくなっている覚悟**で臨まなければならないということだった。それがまさかこんなに大人しく、一滴の血も見ずに運行を済ませようとは。

きっと、オレの姿を見つけたやっこさん（車掌）が、他の乗客に騒がないように指示を出したんだろうな。なにしろオレは、見た感じ**将来中国旅行記を出版しそうな顔**をしているからな。本の中で悪いことを書かれないように、用心しているんだろう？

よーしわかった。じゃあこっちもその気持ちを汲《く》んでやろうじゃないか。帰国してからオレが出版する中国旅行記は、最初から最後まで中国を誉めちぎる内容にしてやるからな。なーに、まかせとけって！　オレは一度受けた恩は忘れない男だぜ。

およそ6時間ほどで雲南省の古都・大理《だいり》に到着すると、そこから長距離バスに乗り換えて北上。着いたのはおそらく梨ばかり食べているのであろう「ナシ族」という少数民族が住む町、麗江《れいこう》である。

この麗江は、歴史ある木造家屋の街並みが世界遺産に指定されている観光都市なのだが、オレが興味を惹かれたのは街並みよりも、ある漢方医の噂である。

たまたま他の旅人から聞いて知ったのだが、麗江の街から10㎞ほど離れた小さな村に、自作の漢方薬を使って**世の中のあらゆる病気を治療してしまう**というスーパードクターが住んでいるというのだ。しかも、そんな凄いドクターにもかかわらず、旅人が突然訪れても診てもらうことができるのだという。

これはもう、行くしかないじゃない。本当にあらゆる病気を治せるのなら世界中の王侯貴族から最高の待遇で呼び出されるだろうから**1日の予算が1500円のバックパッカーの相手などしている暇があるわけないだろとかそういうことは決して言わずに**、素直な気持ちで名医を訪ねてみようじゃないか。

翌日、朝一番でオレは麗江のレンタルサイクル屋にて自転車を借りた。

この自転車で、麗江郊外の「白沙村」まで、噂のスーパー漢方ドクターを訪ねに行くのである。

評判によるとドクターはこちらが何も言わずとも診察をして患者の体調を言い当て、それに最も適した漢方薬をほんの数十元（500円より）で処方してくれるらしい。基本的に治せない病気はないということなので、これはおおいに期待したいと思う。

オレがよくかかる病気といえば、なんといっても腹痛に下痢に腰痛に、それから**仮病**だ。特に仮病には長年にわたって苦しめられており、派遣社員として働いていた時などは月に2回は必ず仮病にかかっていたほどである。もはや仮病はオレの持病と言ってもいいかもしれない。

当然仮病が発症してしまうと仕事を休まなければいけないのだが、さすがにそれだけ頻発すると会社に欠勤の電話をする時も申し訳なくて辛かった。あまりに回数が多いものだから、しまいには会社の人にも「こんなに何度も仮病になるなんて、**もしかして本当は病気じゃないんじゃないか？　実はただのずる休みなんじゃないか⁇**」と**疑われてしまったほどである**。

なぜか仕事を辞めた途端すっかり仮病にはかからなくなったが、仮病はさておいても憎い憎い腹痛&下痢（息の合ったコンビ）を退治できる薬があるのならばぜひ貰いたい。旅先で下痢になり、悲鳴を上げる尻にわななき民家や草むらに駆け込むのはもうたくさんだ。**「腹痛マスター」や「下痢ソムリエ」「ゲリーズブートキャンプのゲリー隊長」などという、人間としての尊厳を踏みにじられるようなあだ名とはもうおさらばしたいんだ（涙）**。

自転車を漕《こ》いで、幹線道路をひたすら北へ。

1時間近く走ったところで大通りを外れ、林と畑に囲まれた田舎道に突入。そのまま右へ左へくねくねと走り続けるが、どうも不安になって来た。ちょっと聞いてみようと……

「ウェイ（すいません）！　そこ行くおばあちゃんヘルプミー!!」

「なにか用あるか〜〜」

「スーパードクターのいる白沙村には、この道であっていますか？」

「そうあるよ。ここを真っ直ぐチェイコチェイコと進めばパイサ村ある。村に入ったら右方向に行くヨロシ」

「おばあちゃん親切アルね〜。いつまでも健康で長生きするヨロシ」

「あいや〜、シェーシェー、あんたもやさしアルね！　これワタシ栽培したの大根アルね！　1本持って行くヨロシ！　**ってバカにしてんのかおみゃあっ!!　中国人だからってこんな喋り方するわけないいじゃろうがっ!!　今どきアルヨアルヨなんて誰も言わないアルヨッッ!!!**」

「ごめんなさい!!　もう言わないアルよ!!　二度とバカにするのことナイね！　再見！　謝々！」

…………。ちなみにおわかりだと思いますが、ここ最近私は相手の中国語がほとんど理解できていないため、会話の内容を表記する際に**自分の都合で自由に内容を創作する傾向があります**。どうぞご了承くださいませ（涙）。

ともかく、そこ行くおばあちゃんの説明によると、どうやら村まであと一息のところまで来たらしい。

よーし、こうして朝から道を教えてもらったからには、もうオレは今夜死んでも悔いはないぞ。全く悔いはないんだよ、今夜死んでも。

え？　なんで道を聞いたくらいで今夜死ねるのかって？　**わからないのかっ‼　「子曰く、朝《あした》に道を聞かば夕べに死すとも可なり」だろっっ!!!**

でも、今夜死んでもいいとはいえドクターのところには行くんだ。下痢のまま死にたくないから。

そこ行くおばあちゃんの指示に従って林道を進むと、あっ、こんなところに！　スーパードクターじゃなくて車のタイヤで潰《つぶ》された蛇の死体だ！　**ぎゃ――――っっ!!!　蛇やめてっ‼　蛇は大嫌いなの（泣）‼　潰れないでっっ（涙）‼　やめてっ‼　忘れてっ‼　忘れさせて!!!　蛇の死体なんて忘れさせてっ（号泣）!!!　ほら、もう村に着いたからっ‼　ヘビッ、バカッ!!!**

村の入り口の立ち木に自転車を立てかけ、細い川を越えて歩くといきなりドクターの診療所を発見した。

なにしろ家の前にドクターの記事が掲載された新聞や雑誌の切り抜き、顔写真が派手に飾られており、それとは別に日本語と英語で「麗江の神医！　超有名なドクターだ！　尊敬すべき男だ！」などと手書きの宣伝文句がつらつらと並んでいるのだ。診療所というより、**自ら観光地化しようとしている気配がムンムン**である。

入り口のドアには「診察中ウェルカム」という札がかかっている。おおよかった。でも、神医なんでしょう……？　これがヤブ医者だったら患者なんて誰も来ないからすぐ診てもらえるかもしれないけど、スーパードクターの神医で名医ときたら、もしかして患者が殺到していて50時間待ちとかになっているんじゃないかしら。そんなに待たされたらオレ、**仮病が悪化して死ぬよ⁇**

おそるおそる開いている木戸から中を覗《のぞ》いてみると、なんとそこには！　おおっっ!!!

…………。

人っ子一人いませんな。

おいおいっ。ちょっと待てよ。神医名医と評判の上に、こんな小さな村に診療所なんてここだけだろ？　それなのに、ここで診察をしてもらいたいという患者が一人たりともいないとはどういうことだ。

これは…………、もしかして。

ねえドクターさん。あなた実は、近くに住んでいる人々を**治しきりましたね⁇　近隣住民を全員完治させて完全な健康体にしましたね⁇　だから診察を待っている人は誰もいないんですね⁇**

あわわわ……、すごい。神医だ、間違いなく神医だ……。

でも神医っていっても、仮病は治せるのかなあ？　さすがのスーパードクターでも、オレの重い仮病は治せないんじゃないかなあ。だって、**病気じゃないんだもん。病気のフリしてウソついてるだけなんだもん。**

それに、万が一治されちゃってこれから仮病が使えなくなったら**こっちが困るんだよ。今後の仕事に支障が出るから。**

よぼ……

よぼ……　よぼ……

おやっ？

なんだいこのよぼよぼした効果音は。古びた木造平屋建ての闇から迫り来る謎のよぼよぼ音。超常現象だろうか。ゴーストバスターズを呼ぼうか。

あっ、誰か来た。

「グッドモーニング。おまえは、ジャパニーズじゃな？　わしを訪ねて来たんだろう」

「ニーハオドクター！　あなたが、漢方薬を使いあらゆる病をたちどころに治療するという噂のスーパーなドクターでしょうか？」

「そうじゃ。よく来たな。ともかく入りなさい入りなさい」

「それではお言葉に甘えましておじゃましまーす」

奥の通路からそんじょそこらの重病人よりも弱々しい時速10ｍのよぼよぼな歩み（よぼ歩《ほ》戦術《せんじゅつ》）で現れたのは、くたびれた白衣を着た眉毛も髪の毛もあごヒゲも全て真っ白なよぼよぼのおじいさん。しかし中国では珍しく英語がペラペラで大変助かる噂の神医、彼こそがスーパードクターであった。

お名前は「ホーさん」と仰《おっしゃ》るらしい。名前は、「ホー」と言うみたい。ホーみたい。**ホー**
ミタイッ!!　せ〜つなさが、とっまらっないっっ（涙）♪

「では診察の前にな、いろんなものを見せてあげるから。こちらへ来なさい」

いきなり部屋を通り抜けて裏庭の軒先に連れて行かれると、そこでドクターホーはガラスケースからたくさんの紙の束、そしてノートを取り出しオレの前に並べた。

「ほら、お茶を飲みなさい。お茶を飲みながら、これらをよく読みなさい」

「手厚いおもてなし有難うございます。お茶いただきます。これら読ませていただきます」

（ドクターとの会話は英語のため比較的忠実に再現しております）

その紙々はいったい何かと思ったら、日本の雑誌に掲載されたドクターの記事の切り抜き、そして過去にここに来た顧客なのだろう、弁護士から教授から、代表取締役社長やら専務やら常務やら立派な肩書の人々（全部日本人）の名刺がずらり。さらにインドのインチキ商人などがよく持っている日本語の推薦文、疑うことを知らない純真な日本人旅行者によって書かれた「ホーさんは最高のドクターです！」「彼はとてもいい人です！　ここに来てよかった！」などという歯の浮く言葉が並ぶ推薦コメント用ノートであった。

あのーなんというか。**この推薦コメントノートが出て来ると一気に怪しくなるんですけど。**

「ほら、鉛筆じゃ」

「あ、どうも。なんですかこれ。なんの鉛筆？　粗品？」

「おまえも、早速そのノートに推薦コメントを書くのじゃ」

「はいわかりました。えーと、このドクターはまさしく噂通りの凄腕を持つ名医であり……、

って書けるわけないだろうがっっ!!!　まだオレは3分前にここに来たばっかりじゃないかよっ!!!」

この診療所に着いてほんの数分、ひとつも診察が済んでいないというか始まってもいないのに、いきなり推薦コメントを書くように要求してくるじいさんドクター。無茶言うなよ。**オレはまだここに来て健康茶を飲んだだけだぞ。**

「あの、ドクター。推薦コメントというものは、ドクターの診察を受けて満足し推薦したいと思って初めて書けるものではないでしょうか？　僕はお茶飲んで推薦文書くために1時間も自転車漕いで来たわけじゃないんですから」

「あっそう。書かないの？」

「だから後で書くんです!!　逆に今何を書けというんですか!!!　僕オリジナルのグラビアアイドルランキングでも書きますかっ！　僕のランキングはマニアックすぎて普通の人は名前も聞いたことない子がたくさん出てきますけどいいですかっっ!!」

「細かいなあおまえは。みんな喜んで書いてくれるというのに。それじゃまあ診察してやろう。こっちにおいで」

「イエッサー！」

　ということで他の患者さんは完治しきっているせいで誰もいないので、待ち時間なしでオレはスーパードクターの診察を受けられることになった。やったー（微妙）！

通されたのは、診察室とか医務室とかいう感じのところではなく、漢方薬の保管庫といった印象の漢方部屋であった。床や壁の棚に、所狭しと漢方薬の粉が満タンに入ったバケツが並んでいる。それぞれの薬に漢字で名前の書かれた紙の札が刺さっているが、バケツには蓋《ふた》がなく、**衛生面が非常に気になる。**

まあでも、神医だし……。

たしかに衛生面は気になるが、きっとこれらの漢方を処方する時には**「汚れた漢方薬を飲んでも体が悪くならない漢方薬」も一緒に出してくれるんだろう。**

「それでは診てしんぜよう。手を出しなさい」

「こんな薄暗い部屋の片隅で立ち話もなんですが、まあいいです。手を出します」

ドクターは先《ま》ずオレの腕を取って脈を計り、続いてまぶたの下を引っ張って眼をチェック、さらに舌も「あかんべー！」と出させて鋭くオレの健康状態を観察した。

いつも思うが、お医者さんはこういう時患者の舌を出した

顔を見てイラッとこないのだろうか？　もしオレが医者だったら、「はい、アッカンベーして、目をよく見せて。舌も出してね」「はい。べ〜〜」「………。**なんだその顔はテメエっ!!　医者をナメてんじゃねーぞこの野郎!!!　それが診察を受ける人間の態度かっ!!!」**と激怒して近くにあるサジを投げつけそうである。

まだあかんべーくらいなら我慢できるかもしれないが、**肛門科なんてパンツを脱いだ患者が肛門を突き出してくるんだぞ？**　どんなに人間のできた先生でも、これはやる気をなくすのではないか。いきなり尻を見せても平然としていられる先生なんて、ぬけさく先生くらいである。

「よし、診察終了だ」

「ええっっ!!　終わりですかっ!!!」

なんと、開始3分、脈と目と舌を見ただけで全診察が終了である。いやあ、こんな猛スピードで診察できるとは、東洋医学恐るべし。いや、東洋医学というか、**この人が個人的に恐るべし。**……ドクター、あなたもしかして、**取締役と弁護士以外は手を抜くんじゃないでしょうね。**

「そうじゃな。わしが見たところ、キミは胃が悪いようだな。胃の痛みを感じることが多いだろう？」

「全然ないです」

「そうか。それじゃあ、時々下痢になるんじゃないか？」

「なります」

「ほらみろ。やっぱりな。他には、頭痛で悩むことが多くないかね？　どうやら頭痛持ちの傾向があるようじゃな」

「全然ないです」

「あっそ。**それじゃあ**、たまに、腰が痛くなったりするな？」

「はいたしかに腰痛には苦しんでいます！」

「ほらみろ。やっぱりな。ではそのあたりを踏まえて、おまえにぴったりの漢方薬を煎じてやろうじゃないか」

「はい、お願いしますスーパードクター」

いや〜〜、良くわかりますね先生。

レントゲンも撮らないし聴診器もあてないし血も抜かないのに、脈と目と舌を見ただけで僕の体の不調を**言い当てたり言い当てなかったり**するなんて。いやーまったく。っていうか、**なにこの適当にもほどがある診察っ‼　そんな当てずっぽうで来るんなら最初から脈とか見る必要ないしっ!!!　これが神医ですか**

じゃあもう神っ‼　最近の神様ってこんなレベルなんですかっ‼　じゃあもう神を信じられないオレっ!!!

なんかこれって、診察というより占いじゃないですかね⁇　基本的にこの流れ、旅先でよく会うインチキ予言者の占いとものすごく共通点が感じられるんですが。胃痛とか腹痛とか腰痛とか頭痛とか**たいがいの人に当てはまりそうな症状**をとりあえず言ってみて、**しかも半分以上外れてる**ってところが、過去アフリカやインドで遭遇したニセ占い師と完全に同類に感じられるんですが。

オレがくちばしを尖《とが》らせ目を細め疑惑の表情でドクターを見つめるのをよそに、ホー老人はあちこちのバケツから漢方薬をスプーンですくい、手にした皿の中でサラサラと混ぜ始めた。よく混ざった粉をわら半紙の上にザザーッとあけると、そのまま紙を四隅から畳んでお持ち帰り用漢方薬のでき上がりである。

これさあ、やっぱり清潔感が全然ないんだよ……。バケツで保管されていた粉薬をわら半紙で包むだけというのは衛生上どうかと……**食の安全が声高に叫ばれている昨今**、そのあたりはとても重要なことでして……。

「これを1日3回、お湯で煎じて砂糖と一緒に飲みなさい」

「ありがとうございます。というかこれはなんの薬なんでしょうか。下痢と腰痛両方ともに効くんですか?」

「そうだ。両方に効くぞ」

「そもそもドクター、結局のところこの診断結果は『腹が痛いです』『腰が痛いです』という**僕の申告のみ**によるものですよね。最初の脈とか舌とか見たのはなんだったんでしょうか」

「なにを言うか! ちゃんとわしがおまえの体を診察して、総合的に判断したのじゃ。言う通りにしなさい」

「いや、でもまだちょっとこれを飲むのは不安で……もしご気分を害されなければ少し待っていただいて……その間に他の病院に行って**セカンドオピニオンを……**」

「わしが信用できないと言うのかっ!!!」

「はいはいそうくると思いましたよ。メディアに登場するお医者さんは『セカンドオピニオンは患者さんの当然の権利です』みたいに言うけどさ、いざ自分の担当のドクターに言い出してみるとやっぱり機嫌が悪くなるんだもん……」

まあでも、神医がそう言うなら信用できるのかなあ。なんとなく「中国の山奥で白髪の老人が作った漢方薬!」というと効きそうな気もするし。下手《へた》したら**不老不死**になってもさほど驚かないよね。

　だいたい、先ほど聞いてみたところこのドクターはおんとし82歳ということなので、この漢方薬飲んでるせいで長生きできてるんだろうからな。ひょっとしたら既にこの人は不老不死になっているのかもしれない。もしかすると、**太平天国の乱あたり**にも参加したんじゃないだろうかこのおじいさん。

　でも、これだけじゃちょっとなあ。「あらゆる病気を治す」という触れ込みなんだし。ちょっとおねだりしてみようかしら。

「ドクター、じゃあ腹痛と腰痛はこれで治そうと思いますけど、実は僕、本を書いたりしているんです。それで目の使い過ぎで視力が悪くなっているんですが、もしよろしければ、**視力が回復する薬**、そして面白い話が浮かぶように**頭の良くなる薬**なんかがあれば調合してもらいたいなんて思うんですが……」

「なに、目？　頭？」

「はい。バカにつける薬はないといいますが、そこはやはり中国のスーパードクターですから、飲むだけで頭脳明晰になっちゃうような漢方薬も作れるんじゃないかなと……」

「今渡した薬があるだろう。それを毎日欠かさず飲むんだ」

「でもこれというのは下痢と腰痛の薬なのでは？」

「この漢方薬はな、**ホールボディに効くんだ**。つまり目も頭も含んでいる。全部に効くんだ」

「えっ！　じゃあこれだけを服用していれば、下痢も腰痛もなくなり次第に目も良く見えるようになり面白いストーリーもどんどん思い浮かぶようになるということなのですかっ⁉」

「ああ、なるなる。全部なる」

そうか……。この漢方薬は、腹痛や腰痛だけでなく目にも頭にも効果があるものだったのか。じゃあこれだけ飲んでいれば痛みともおさらば視力も回復、頭の回転も早くなり苦手だった英語が**ビリから学年トップに！　なるわけねーだろっっ!!!**

ドクター……、**面倒くさくなってますね⁇**

まあ、その気持ちもわからないでもないけど。ドクターとしても、取締役や弁護士ならまだしも、どこからどう見ても貧乏人以外の何者でもないオレの相手を長々とするのは、商売として割に合わないと判断したのだろう。**たとえ医は仁術であろうとも**。

しょうがない。そろそろ帰るか。

「ドクター、ありがとうございました。ではいかほどお支払いすればよろしいでしょうか」

「それは、**おまえに任せる**。いくらでも払えばよろしい」

「それでは数十元を奉納させていただきます。このくらいが相場だと他の旅行者から聞いたものでで」

「もちろん金額はどれほどでも大丈夫さ。払えるだけでよい。もしおまえが貧乏ならば少なくても全然構わない」

「はいそれなりに貧乏なので数十元を……」

「もしおまえが貧乏だったら気持ちだけで構わない。でももしリッチパーソンならば、**いくらでも出していいんだよ。**ほら、この手紙を見なさい。これはイギリス人から届けられた手紙だ。私は彼のところに漢方薬を送ってやったら、手紙と一緒に100ドル札を入れて返して来たんだ」

「そうですか。それは誠にようございました。それでは僕は数十元を……」

「な？　このようにリッチな者は私の研究のためにたくさんのお金を出してくれている。**もちろん貧乏な人間にわしは要求しない。でももしおまえがリッチなら、100元、200元、300元、そのくらいは出せるんじゃないかと……」**

「気持ちはそのくらい出したいんですが、まだ貧乏旅行も先は長いため今回は数十元を……」

「わしは決して貧乏な人間に強要したりはしない。お金のない中国人が訪ねて来たら、決して診療費を取ったりはしない。でも、おまえがもしたくさん金を持っている、

つまりリッチパーソンだというのならば……」

「話が終わらないでしょうがっっっ!!!　わかりました、数十元にあと10元足します！　これで受け取ってね！」

「とりあえず受け取るが、よく考えたまえ。わしの漢方薬は良く効くんじゃ。100ドル払っても安いと言ってくれる者もおる」

「そうだ、推薦文書きますよ！　さっきのコメントノート貸してください！」

「おお、そうか。ほら、こっちだ」

さすがドクター、82歳とはいえ頭の良くなる漢方薬を飲んでいるだけあって、支払いに関する議論では若者にも一歩も譲らない。

しかし、さすがにこの程度の診察で何万円も払う気にはならないなあ。ズバリ体調を当てられたわけでも全然ないし……。頭の良くなる薬があるくらいなら、**「人の体を診察してたちどころに具合の悪い箇所を当てられるようになる薬」**も開発して自分で飲んだらいいんじゃないだろうか。そうすればもっと稼げるようになると思うんだけど。

ここを訪れる日本人のための日本語のコメントノートにオレは「ドクターのアホ」と記入しようとしたのだが、ふと見ると鉛筆を持つオレの姿をドクターが**不老不死の人間にしか出せないすさまじい眼力**で見つめている。

な、なんとなくこの人、日本語がわからなくても悪口を書いたら**気で察知**しそうだな。怖い。ここは無難なコメントを書いておくか……麗江から白沙村まで自転車で来たらとても疲れました、おいしいお茶ありがとう、ドクター長生きしてね、と……。

「はい、書けました。それでは今日はありがとうございました」

「よしよし、ところでわしはこの村だけでなく中国、世界の患者のために漢方薬を栽培しておる。だから、**もしおまえが貧乏ならば無理は言わないが、仮にリッチだというのなら、100元、200元、300元……」**

「まだ言ってるんですかっっ!!!　僕は麗江からここまで1時間自転車を漕いで来てるんですよっ!!　そんな人間がリッチだと思いますかっっ!!!」

「思わない。それもそうだな。じゃあま、サイナラ」

「はーい謝々どうもー」

いつの間にか神の衣を脱ぎ捨て恐ろしい金の亡者に変身していたスーパードクターだが、やはり最後の最後でこの人は医者である。患者に対して強気に出きれないおじいさんは、素直に諦めてオレを見送ってくれた。あらゆる病気を治すんだから、金欠病を治す漢方薬も自分でなんとかしてください。

さて、処方してもらった肝心の漢方薬であるが、わら半紙で包んだだけの粉薬、リュックに入れて山道で自転車を漕ぐこと1時間、宿に着いてやれやれと荷物を開けてみると、**リュックの中では脱走した粉の大嵐が巻き起こっていた。**

一緒に入っていたガイドブックやタオルやパスポートが、全てサラッサラの漢方薬まみれに。ドクターさあ、**何十年もやってるんだからもうちょっと包み方考えてよ（号泣）**。

悲しいことに、宿の庭でリュックを掃除すると必然的に、麗江の大地で採れたドクターの漢方薬はオレの腰も治さず頭を良くもせず、再び故郷麗江の大地へと返って行くのであった……。

4　香格里拉《シャングリラ》

中国ではどの町にも大抵夜になると活気づく露店街があるのだが、食べ物以外でとにかく目につくのがCDやDVD、バッグや時計などあらゆる物の海賊版である。

それはもう尋常でない数であり、むしろ海賊版でないオリジナルの製品を探す方が難しいほどだ。

どうしてここまで堂々と、取り締まりもされずにコピー品が売られているのだろうか。そもそも中国は4000年どころか黄河文明にまで遡る5000年近い歴史を持つ国であり、言うなれば東洋の文明発祥の地ではないか。そんな世界文明の元祖である国のはずなのに、中国の商品を他の国が真似るのではなく、逆に日本や欧米の製品を中国が真似しているとはどういうことなのだろう。

もしかして、中国は**黄河文明の頃から海賊版を作っていたんじゃないだろうな……**。世界最初の文明なのに、最初からいきなり海賊版を作っていたんじゃないだろうか？　もうあまりにも海賊版を作る技術が凄すぎて、**オリジナルより先に海賊版を製造してたりするんじゃないだろうか⁇**

多分、そのくらいできるぜ中国は。だってコピー品を作るのが想像を絶する早さだもん。映画なんて、下手したら劇場公開前に海賊版が出回ってるんだぞ⁇

きっと、中国の悪い人々は海賊版を早く作るために**タイムマシンを開発して**、未来に行って新作映画やブランド品を入手して来ているんだよ。それでオリジナルに先駆けて海賊版を販売して利益を上げてるんだよ。**タイムマシンこそがもの凄いオリジナルの発明品だということには誰も気付かずに。**

…………。

まあでも、**なんだかんだ言って中国っていい国だよね（一瞬で場を和ませるフォロー）**。

ということで、本日麗江から次に目指すのは、北の都市・香格里拉《シャングリラ》である。本来の目標は四川省の成都なのだが、中国はあまりにも広すぎるため、ここから日数を重ね４つの町を経由してチンタラと成都まで移動せねばならないのだ。

通常は麗江から東に向かい汽車《チーチョー》と火車《ホーチョー》（バスと電車）を駆使して30時間かけて一気に成都へ向かう方法が一般的なのだが、そういう無茶な移動はオレには無理なのだ。なにしろこの世に生を享《う》けてからほぼ30年間をテレビかパソコンの前だけで過ごして来たオレは足腰が極限まで弱っており、もはや肉体年齢は**75歳程度**にまで老いているのだ。あまりにもひ弱で貧相な外見をしているものだから、**杉並区が間違えてオレ宛に後期高齢者用の保険証を送って来たくらいである**。だからこれからは、なによりも体のことを考えた後期高齢者にも優しい旅を心がけることにしたのでございます。

それではそろそろ出発だ。

麗江の汽車站と書いてチーチョージャンつまりバスターミナルの待合室でバスを待っていると、傍《そば》にいた白人旅行者のおばさんがペラペラッと話しかけて来た。

「エクスキューズミー、ねえあなた、私8：30発のバスのチケットを持っているの。でもこの係員にチケットを見せても、まだ乗り場に入れてくれないのよ。どうして？　ちょっと係員に聞いてくれない？」

「ああどうもどうも。どうしてと言われても、**そんなこと僕がわかるわけないでしょっ！　どうしてそれを僕に聞くんですかっ‼**」

「あら、あなた中国人じゃないの？　じゃあもしかして中国語は喋れないの？」

「一切喋れません。だいたい、中国人とは顔が全然違うじゃないですかっ‼　あなただって、僕の顔が他の人々と全然違ってインテリ風だから、英語を話せそうだと判断して話しかけたんでしょう‼」

「そうなの。インテリ風でモテモテ風だったから話しかけたの（意訳）」

「詳しくはわからないですけど、まだ8時前だからじゃないですかね。30分前にならないと乗車口に入れないような気がしますよ僕の第六感では」

「そうなの？　じゃあきっとそれね！」

「では人助けをして喜ばれたところで、僕のバスはそろそろ出るみたいなんでお先に失礼しますね」

……ということで、おばちゃんを尻目にオンボロなマイクロバスに乗ると、土埃《つちぼこり》にまみれながら4時間半後にオレは香格里拉へ到着した。

この町では1泊だけして明日また北上するため、到着した汽車站でそのまま翌朝のチケットを買うことにした。筆談で次の町「郷城《ごうじょう》」までの一人席を購入して帰ろうとすると、隣の窓口の客がオレを呼んでいる。またも白人旅行者で、男2人、女1人の3人組だ。

「ちょっとあんた、切符買いたいんだけど言葉が通じないんだよ。助けてくれないか？」

「助けたいのはやまやまですが、僕も中国語喋れないんですけどいいですかね。筆談でチケット買うぐらいならなんとかしてあげますが」

「なに、喋れないのか⁉」

「アイ　アム　ジャパニーズ‼　アイ　アム　チョーノ‼!　ガッデムてめー東洋人だったら誰でも彼でも中国語喋ると思うなよエーコラァァッ‼!」

「ジャパニーズか。明日オレたちは郷城に行きたいんだけどな、バスは1日1本しかないのか聞いてくれよ」

「聞くまでもなく1日1本だ。オレもさっき筆談で尋ねたのだ。朝6時に出発する1本しかないのだ」

「それじゃあ、ノンスモーキングのバスが出ていないかどうかも聞いてくれないか？」

「はいはいそれじゃあ、有没有禁煙車？　と書いて……これを係の人に見せれば……って**あるわけないでしょうがっ!!　1日1本しかバスがないのにどこをどう考えたら禁煙車があると思うんだよっ!!**」

「なに、そうか。わかったよ」

こんな中国の辺境まで旅をしに来ているのに、ずいぶんマイペースねこの人たち……。

そもそも、白人にとって中国人と日本人というのはそんなに区別がつき難いものなのだろうか？　い〜や、いくらなんでもわかるだろう。たしかにオレは昨日床屋に行ったから、今の髪型は頭のてっぺんだけ毛があってそこから三つ編みが1本伸びてるいわゆる辮髪《べんぱつ》で、さらに目も細くなってナマズのようなひげを生やして額には「中」の文字が書かれているけど、それでもいくらなんでも中国人と間違えることはないだろう。**こんな妻夫木聡似の中国人がいるかってんだよ!!**

ところで、「香格里拉」というこの都市名は、読み方が「シャングリラ」である。なんでも「桃源郷」という意味がある伝説の地名をそのままつけているらしいが、なんというか、**ヘソが茶を沸かすんだっつーの。何が桃源郷だっつーの。**

別に景色も大して良くないしさー、相変わらずトイレはドアがないしさー。**本物の桃源郷だったらトイレぐらい個室だっつーの!!!**

宿にチェックインしたのはまだ昼前だったため、午後は香格里拉では一応有名らしいチベット仏教の寺院を観光した。

そこで特に興味もない寺の隅々まで暇つぶしに回り、仏教に帰依する修行僧の皆様を見ていたら、なんだか私は非常につつましい心持ちになったのです。

少し、私は今までわがままに旅をし過ぎたかもしれません。これからは、煩悩を捨てて旅をしましょう。食べ物も一汁一菜があれば十分でございます。おやつなどめっそうもありません。**チョコレートなど俗人の口にするものでございます。**人との争いなど恥ずべきことでございます。**許しです。私はこれから出会う、全てのことを許しましょう。**

というように旅先で思わず悟りを開くことができたオレは市内バスに乗って町に戻り、おごそかな気持ちで瞑目・合掌しながら、夕食のために何か買って行こうとスーパーマーケットに入ったのでございます。

ちなみにスーパーマーケットは中国語で「超級市場」である。実にそのままだ。ということは、多分スーパーマンは「超級男」、浜松市のローカル商店「スーパーこすぎ」は「超級小杉」、プロレスラーのスーパー・ストロング・マシンは**「超級強力機械」**だな。「超級強力機械」って、そんな凄そうな名前の機械なのに**中身が平田**っていうのはちょっと拍子抜けだよなあ。…………。今、僕はプロレスファン以外を**置いて行っています。**

それでは、本日の一汁一菜の夕げはなににいたしましょうか。決して贅沢はいたしません。つつましく召し上がります。**全てのことを許します。**

おお‼　これは美味《うま》そうだっ‼

スーパーのお菓子棚で発見したのは、次ページ写真の絶品クリスプチョコレートだ。チョココーティングを施したあま〜いクッキーに、クリスピーなナッツがたっぷりとのせられたこの魅惑的なおやつ。……これを、**これを買わずに何を買えというんだ‼　一汁一菜のつつましい暮らしを送ろうとしているからといって、クリスプチョコレートを見逃すほどオレは落ちぶれちゃいないんだよっ‼　見損なうなよこのお菓子大好きっ子をっっ!!!**

　オレは喜び勇んでクリスプチョコレートと菓子パンと魚肉ソーセージとお茶を抱きかかえ、ルンルン気分でレジへ向かった。

「レジのおばさま、これをくださいませ」

「アイヤーまいど。ピッ、ピッ、ピッ……、あれ？　これは……あやー？」

　レジ係のおばさんは商品のバーコードをセンサーでピッピッと読み込んで行ったのだが、なぜか肝心のクリスプチョコレートだけがうまく読み込めないようだ。

　どうしたんだろう。菓子パンやペットボトル茶の歪《ゆが》んだ形状に対して、クリスプチョコレートの箱は直方体で歪みのない、2次元の形をきっちりと保っているバーコードじゃないか。それが読めないとはどういうことかしら？

　いいや読めないなんてことあるはずないよ。そんなわけないじゃないか。だって、筒状でつかみ所のない、ぷ

るんぷるんした魚肉ソーセージですら全く問題なく読み取れているんだ。**いわんやクリスプチョコレートをや（現代語訳：ましてクリスプチョコレートなどはなおさら読み取れるに決まっています）**。

だがおばさんが何度繰り返しても、センサーは反応しない。

ねえ頼みますよ。ここがレジ係の腕の見せどころじゃないですか。このトラブルをどう切り抜けるか、それがあなたの昇給にも大きくかかわって来るんですから。

「支配人～！　ちょっとレジまで来て～！」

「アイアイサ～どうした小姐～」

「このお菓子がレジを通らないのよ。どうしてかしら」

「どれ。貸してみろ。スカッ。スカッ。……アレ。ほんとだなあ。スカッ。ダメだなぁ。スカッ。通らないなあ」

レジ係おばさんと上役おじさんは、２人してクリスプチョコレートを手にああでもないこうでもないと**喧々囂々**《けんけんごうごう》、センサーにかざし行ったり来たりさせている。

ちょっとっ、そのお菓子はオレの物になるんだから、無茶な姿勢を取らせないでよ。あんまり激しい動きを加えたら、コーティングされたクリスピーがパラパラとこぼれ落ちてしまうでしょっ！　**あなたたちと違って繊細にできてるんだからクリスプチョコレート**

は!!

「あのーおふたりさん、お客の僕がずっと待ってるんですけどね。一般的にそういう場合は諦めて手入力で金額を打ち込みませんか？　知ってるんですよ僕そういう仕組み。独身男子はスーパーマーケットで買い物をする機会が多いんですから」

「ウェイ、ちょっと待つのだ」

するとと支配人はレジから出たと思ったらチョコレートが陳列されていた棚まで行き何やら観察し、次に裏の事務所に引っ込んだと思ったらしばらく後《のち》に出てきて再びレジに舞い戻った。そして、レジ係おばさんと何やらオレに理解できない謎の言葉（レジ語）で2人会議を開いている。

会議が一段落つくと、今度はおばさんがオレに身振り手振りを交えてペラペラと訴えて来た。なんだろう？　集中して聞いてみようか。

「なになに？　クリスプチョコレートはレジに置いて？　菓子パンと魚肉ソーセージとお茶、今日はこれだけ買って、帰りなさい？　なるほどそうですか。今日はチョコレートは諦めてそれ以外のものだけ買えばいいんですね。って**待たんかい。そんなもんで納得するわけないでしょうが。**いいかい、オレにとってクリスプチョコレートは魚肉ソーセージと同じくらい、いやそれ以上に大切な物なんだ。なにしろクリスプチョコレートは今回の買い物の要《かなめ》であり、クリスプチョコレートがあったからこそオレはこの店で菓子パンも魚肉ソーセージも買うことにしたんだ。**クリスプチョコレートありきなんだ。**このお店にクリスプチョコレートがなかったら、他のスーパーに行くという選択肢だってあったのだから。

買って帰るぞ！　クリスプチョコレートをよこせってんだ‼」

「わからない子だねえ。今日はダメなの。買えないの」

おーい、何言ってるんだこの人！　買えないって、そんなわけないだろ！

だって、おたくの店の商品棚に陳列されていたチョコレートクッキーなんだぞ？　決して陳列前の業務用ワゴンからこっそり抜いて来たんじゃない。そんなルール違反はしていない。オレだって、こう見えてもちゃんと客としてのマナーはわきまえているんだよ。それを踏まえてこのクリスプチョコレート、これはたしかに商品として棚に並べられていたものであり、ということは即ち、当たり前のことだがそれは客が買う権利のあるお菓子だということじゃないか。このお菓子の売買契約をオレ（乙）がこの商店（甲）と交わすことができるという権利を当方が確然と保持しているということじゃないか。それなのに「これはまだ売れない、魚肉ソーセージとお茶だけ持って帰れ」とは何事だ。

見損なったぞおばさん。あんたの、レジ係としてのプライドはそんなもんなのかよ。**香格里拉の超級市場のレジ係であることにあんたはいつだって誇りを持っていたんじ**

ゃないのかよっ!!!

「すみませんけどねおばさん、僕は納得できませんよ。このチョコレートクッキーは誰が陳列したんですか？　僕ですか⁇　**違うでしょう。あなたがたじゃないですか。**スーパーマーケットに陳列されているクリスプチョコレートを手に取ってレジに持って来た、それは客として当然の行為でしょう。仮にこれが店員さんが個人的に自宅から持参した、プライベートで購入したおやつだというのなら買えないのは納得します。それはあなたには引き渡しを拒否する権利があります。**でもそうじゃない。僕は何一つルール違反を犯していない。無理に値切ったりしているわけでもない。**ただスーパーマーケットの棚にあった商品を定価で購入しようとしているだけじゃないですか。どうしてその、人としての純粋な行為を否定されなければならないんですか？」

「とにかくダメと言ったらダメなの！　明日には買えるかもしれないから、また明日来なさい！　来明天！」

「イヤだっ！　オレは今買いたいんだ!!」

オレが強気に出るとおばさんはさも面倒くさそうな表情になったが、口頭で状況を説明したところでオレが理解できないとわかっているため、彼女は小さな紙を取り出して何やら漢字を書き出した。

イマイチ読めないが、どうやら「『銭』に関するなにかが今はない。だから買えない」というようなことが書かれているようだ。定価がいくらだという情報がない、つまり値段がわからないから売れない、ということなのだろうか？

「おばさん違うんだ。**僕はね、『なんで買えないか』っていうことを聞いてるんじゃないんですよ。**別に理由なんかどうだっていいんです。それは重要なことじゃない。そうじゃなくて、**どんな訳があろうと、スーパーマーケットで陳列されているクリスプチョコレートを買えないのは納得できないと言っているんですよ。**そうでしょう？　僕が間違ったことを言っていますか？　もし間違っているんなら教えてください。でも、誰が聞いたって僕の言い分は正しいでしょう？　とにかく、売りなさいよ。お金は払うんだから。ほら、見てオレの財布の中。ちゃんと十分な金額が入っているでしょ？」

「しつこいなああんたっ！　いい加減にしておくれ!!」

「それはこっちのセリフなんだよっ!!　そっちこそいい加減にしてくれってんだ!!!」

まったく……、なんて物分かりの悪い店員なんだ。あきれてしまうぜ。一方でオレはこんなにも物分かりの良いお客さんだというのに。ほんと、しつこいにも程があるぞおばさん。このまま永遠に食い下がるつもりかあんた??

オレだってさあ、こんなところで無駄に時間を費やしたくないよ！　早く帰りたいんだ。

ただ、まだこれがね、ごく普通のクッキーだとか、チョコレートコーティングだけでナッツのふりかかっていない、凹凸のないただのチョコレートクッキーだったらオレも引き下がってもいいよ。でもね、**これはクリスプチョコレートなんだよ‼　チョコレートコーティングの上にナッツがちりばめられている、香ばしさと美味《おい》しさを兼ね備えたこだわりのお菓子なんだっ‼　写真だけ見ても激しく食欲をそそられるだろうがっっ!! チョコレートの甘い口溶けとナッツの歯ごたえが抜群の相性を見せる、こんなに洗練されたお菓子を買う気まんまんでレジまで持って来て、もう脳の中では自分が食べているシーンも想像して甘い脳内になっているのに今さら置いて帰るなんてそんなことできるかっっ‼　お菓子好きをナメんじゃねーぞっっ‼　クリスプチョコレートのひとつも満足に売れなくてなにがシャングリラだっっ!!!**

レジおばさんは、「なんなのよこの駄々をこねる大人はっ。ちょっと前まで『全てのことを許すのです』なんて言ってたくせにたかがクッキー1箱にこれだけ固執するってバカじゃないのっ」とでもいうような軽蔑の表情でオレを見ている。

ああそうだよ。全てのことを許すよ。でもなあ、ひとつだけ教えておいてやるよ。「全てのことを許す」というその「全てのこと」の中に、**クリスプチョコレートだけは入ってないんだよっ‼　オレが許すのは、クリスプチョコレート以外の全てのことだっ‼!　それくらい雰囲気でわかるだろうがっっ‼!**

「おばさん何度も言うけどね、オレはもう今日クリスプチョコレートを食べるって決めてるの。これは決定事項なの。だから買うまでは帰らないの。そういう結論なの。売ってくれって言ってるでしょ」

「まったくあきれかえったもんだこいつは……。支配人！　支配人ちょっと‼」

「アイアイサ～どうした小姐～」

「このガキが帰らないのよっ‼　もういいでしょ、だいたいこういう製品は5元くらいよね！　他のクッキーもそのくらいでしょ⁉　もう5元で売っちゃいましょうよ！」

「しょうがないな。じゃあ5元で計算してやりなさい」

「そうするわ。そうしないと帰んないんだもんこいつ」

……………。

遂に、勝負はついた。

結局根負けしたおばさんの「5元でしょ、5元にしとこうよもう！」という**適当な提案**によって価格は5元と決まり、ようやく！　オレは夢のクリスプチョコレートを掌中に収めるに至ったのである!!

ある意味、このレジ係のおばさんとのやり取りは、**平成の日中戦争**と表現しても過言ではない実にし烈な攻防であった。だが日本代表のオレが中国の不条理に対して戦いを挑み、見事に不正を打ち破ったのである！

このように、納得いかないこと、追及すべきところに出くわしたら、人は誰でも自分の名誉をかけて勇気を持って挑まねばならぬのだ。**弱腰外交を繰り返す日本の外務省ならびに総理閣僚にもこの姿勢を大いに見習ってもらいたいものだ。**なんなら、オレ自身が入閣して日本外交の改革にひと役買ってもいいと思っている。

オレはスーパーのビニール袋をふりふり勝ち誇って宿に戻り、部屋に入ると早速箱を開けてお茶とともに夢のクリスプチョコレートを味わう準備に取り掛かった。

箱の中は丁寧に個別包装になっていたので、銀色のビニールのギザギザのところをピリリっと裂いて中身を取り出す。

あっ、あれっ？

クリスピーがない……。

ど、どういうことだ。次の袋を開けても、その次の袋を開けても、**どこにも一粒のクリスピーすら見当たらない。**

…………。

騙《だま》された。

パッケージ写真に騙された。

どうしてだっっ‼　商品名だって「クリスプチョコレート」になってるじゃないかよっ!!!　なんでクリスプチョコレートなのにクリスピーがのってないんだっ!!!　じゃあ名前の「クリスプ」の部分はいったい何を表してるんだよっっ（涙）‼　あんなに苦労して買ったのにっ（号泣）!!!

こうして、偽りのクリスプチョコレートとレジおばさんの**悪の連合**によりオレは高ぶっていた期待と達成感をくじかれ、ガッカリしながら食べたただのチョコレートクッキーは、真剣に全く美味しくなかったのであった（泣）。

长春酒店
客房部
停车　淋浴

5　目指せ四川省！　パート1

「桃源郷」という意味を表すシャングリラこと香格里拉の宿は4人部屋であったが、ニセクリスプチョコレートすら満足に売れないようなニセ桃源郷に観光客など来るわけはなく、よってオレはたった1人でニセ安宿のニセ4人部屋を独占していた。

クリスプチョコレートを食べたくて食べたくてどうしようもなくて、ようやく手に入れたチョコレートをいざ味わおうとしたところクリスプがなかった喪失感は想像を絶するもので、オレはその夜は早々とベッドに入り、悔し涙で枕を濡らしていた。

泣き疲れてようやくウトウトし始めた頃、突然ドアが開き、宿の従業員に連れられて別の宿泊客がやって来た。せっかく独占していたのに、どうやら隣のベッドを使うらしい。旅行者ではなく中国人のようだ。とはいえオレは明日も朝早いため気にせず寝ていたのだが、しばらくすると妙に空気が悪く、息苦しくなってきた。

うがあっっ!!　けむいぞっっ!!!

人が寝ているというのに、中華系ルームメイトさんは狭い部屋の中で断りもなくタバコを吸い出したのだ。「吸い出した」といっても、タバコの中身だけを巻紙から**チュ～～～ッ!!　と吸い出した**という意味ではない。そんなことをするには人間離れしたダイソンなみの吸引力が必要だ。

同部屋の彼は旅人ではなく普通の中国人のおっさんなので、宿に泊まるということはおそらく長距離バスの運転手などではないだろうか。それにしてもこの辺りの田舎では、まだまだ他人への配慮が足りないというかタバコを吸うことが当たり前すぎて、吸う時に周りに気遣うという習慣がないんだな……。

ここは無理やり2段ベッドが2台押し込まれただけの、8畳ほどの狭苦しい窓なし密閉空間だ。そんな部屋でスパスパやっているものだから瞬く間に煙は充満し、オレは息ができなくなった。

くそ。こうなったら隣でこれ見よがしに咳《せ》き込んでやる！　**これ見よ！　がしっ‼**

ゴホゴホゴホッ‼　さあオレが苦しそうに咳き込む姿、なんなら急性肺炎で息を引き取る姿を見て自分の罪深さを思い知りやがれっ‼　**ゴホゴホゴホッッ‼　ゴフゴフッゴフッ!!!**

ああ苦しい……わざととはいえ本気で苦しい……。

ゴホゴホゴホゴホゴヘェッゴハァッ‼　ゴフゴフッ!!!

ああ気持ち悪い……肺が痛い……。喉にも悪いなこの演技は……。

ええいまだまだ!!

ゴホゴホゴホゴホゴヘェッゴハァゴヒゴヒゴヒョッッ!!　ゴフゴヒャッ!!!

……………。

寝れるかバカヤロウッ!!!

おいこらっ!　そこのあんたっ!!　あんたはルームメイトが「ゴフゴヒャッ!!」と苦しんでいても少しも胸が痛まないのかよっっ!!

薄情者!!!

これだけわざとらしく咳をして、しまいには役に入り込みすぎて本当に苦しくなって涙まで流して肺には影ができ、我が身と引き換えに煙害を訴えたのに、中国おっさんは一向に反日活動の副流煙攻撃を止《や》める気配がない。ろくなもんじゃないなほんと……。**もしこのおっさんの前世がコレステロールだとしたら、絶対悪玉の方だな。**

いいか、あんたは知らんかもしれないけどなあ、「受動喫煙」っていう言葉があってな、隣で5本タバコを吸われると、オレも1本吸ったことになるんだよ。仮にあんたが25本のタバコを吸うと、オレは5本のタバコを吸ったことになるんだ。そしてオレが5本のタバコを吸ったことになるということは、**またその隣にいるあんたはオレのせいで1本吸ったことになるんだよな。**そうやって交互に迷惑をかけて行くなら、結局のところお互い様だよね。**ってバカヤローっ!!**

到底寝られたものじゃないため、仕方なくオレは起き出して、読書をすることにした。何か文句を言ってやりたいのもやまやまだが、こんな夜中に初対面の中国人にカタコト中国語でジェスチャーや筆談も交えてクレームをつけるというその行為が面倒くさ過ぎてとてもやる気にならない。

というかオレは元々、人に文句を言うということが大の苦手なのだ。例えばスーパーマーケットに買い物に行って何かトラブルになっても、店員さんと揉《も》めるくらいなら何も買わずに大人しく家に帰った方がいいという穏やかな考え方の青年なのである。だから「将来いいお父さんになりそう」なんてよく言われるんだよ。オレって**君子だから。**

ともかく寝るのは無理だが、苦しいながらも本を読むくらいはできるだろう。

オレは日本から持参していた文庫版の「三国志」を取り出し、関羽が相手の武将を一刀両断にするシーンを、武将の代わりに**隣のおっさんが一刀両断になれ**という願いを頭の中で強く念じながら読み始めた。強く願えば、思考は現実化するbyナポレオン・ヒル。

パチッ

あっ……。

電気消された。

タバコを吸い終わって寝る態勢に入ったおっさんが、有無を言わさず勝手に電気を消しやがった。

おまえな……。いくらなんでも、オレが今こうやって本を読み始めたのがわかるだろうが。わかっててなんで消す？　自分が吸いたいからタバコを吸う、自分が寝たいから電気を消す、あんたの意識の中に「他人」というものはないのか⁇　自分さえ良ければそれでいいのか？

この世はあんたのものか⁇

なんという身勝手な奴なんだ。かつてこの国で「人間の本性は善である」という性善説を説いた孟子も、**このおっさんを見たら自説を撤回するのではないだろうか**。

……とはいえ、先ほども述べたがオレは優し過ぎて人に対して文句を言えるような人間ではないのだ。注意をして相手を傷つけるくらいなら、自分が苦しい思いをしていた方がずっといい。心からそう思う。オレって**君子だから**。

もう真っ暗になってしまったことだし、明日も早い。静かに寝よう。ただ穏やかに。平和な心で。隣のおっさんが明日宿を出た途端通りすがりの自転車に撥《は》ねられることを願いながら。

それではおやすみ……。

…………………。

そして10分後。

グガーーッ・・・ゴガーーッ・・・

ううううう……、**うるさい（涙）**。

隣のおっさんのイビキがうるさくて、寝られたもんじゃない。

なんだよ。なんでこの人は、部屋に来た瞬間からことごとくオレの邪魔をするんだ。**やることなすこと全て邪魔しやがる。**この調子だと、来年あたりハワイでの挙式でまさにオレが新婦と誓いのキスをしようとするその瞬間も、このおっさんが「まてまてーい！　その結婚、世間が認めてもこのオレが認めん‼」と**わざわざ雲南省から邪魔しにやって来るのではないだろうか。**

一向に収まる気配がないものだから隣のベッドに向かって「うるさいっ‼（日本語）」と叫んでみると、一応その瞬間だけは少し静かになる。だが、その静かな状態は5分と続かず、なんだか「ウウッ、アオオッ……」と苦しそうに呻《うめ》いたかと思うと、その後にまた**グゴーガゴー**と復活するのだ。

グガーーッ・・・ゴガーーッ・・・

ダメだ。この人、この絶叫いびきをかかないと寝られない体質なんだきっと。彼にとってはこの絶叫状態が普通なのだ。もしこの人の家が米軍基地の隣にあったとしたら、「**すいません、もうちょっと騒音を抑えてくれませんか？**」と**米軍の方が抗議に来るの**

ではないだろうか。いやあ、さすがのオレも、このおっさんと「結婚したくない男ランキング」で争ったら僅差《きんさ》で負けそうだぜ……。

グガーゴガーという騒音の合間に彼は、これも大声で**わけわからん寝言**を絶叫している。少し聞き耳を立ててみたが中国語の寝言のためよく理解できず、**筆談をするためメモ帳を渡そうかどうか少し迷ったが**、おそらく寝ながらではミミズの這《は》うような字にしかならず解読は難しいだろう。書かせておいてそれでは逆に申し訳ない。

何度も、オレが**「うるせーっっ!!」**と怒鳴って一瞬静かになる↓5分後に「ウウウ……」と苦しそうに呻いていびき復活↓また怒鳴る↓また5分後に復活、といういびきローテーションを繰り返し、眠れぬまま深夜2時になった時、オレの我慢は限界に達した。

オレはおもむろに電気をつけると、部屋の壁を力一杯蹴飛ばして叫んだ。

「ワシャー!!!　ドゴーン!!　起きんかいテメエ～っっっ!!!」

「おおっ!!　な、なんだおまえ……」↑起きた

「君子も我慢しかねるあんたのイビキがうるさくて寝られんのじゃあ!!　隣の部屋に行ってくれ!!!」

「な、なんだよ……うるさいな……ムニャムニャ……いいだろそのくらい……ムニャムニャ……（うやむやにして寝ようとしている）」

「がおおおおおっっっ!!! 寝るんじゃなああいっっ!!! 他の部屋がいくらでも空いてるんだからそっちで寝てくれよっ!! 出~て~行~け~よ~お~ま~え~(呪)!!!」

オレは身振り手振りと激しい殺気で隣人を追いつめた。おっさんが部屋に入って来てから4時間分の恨みだ。君子でも怒る時は怒るぞ。**「君子豹変す」だ。**↑慣用句の誤った使用例

おっさんは少し考えていたが、隣で拳《こぶし》を腰にあて**キョンシー以上の殺気を出して仁王立ちしているオレ**を見ると、ズボンを穿き、「ちっ面倒くせえなあ」とボヤきながらも素直に部屋を移って行った。

こんな夜中に部屋を追い出されるおっさんの後ろ姿を見ると若干申し訳なくも思えて来たが、もうオレは夜の半分を苦しめられたのだ。「受動いびき」も受動喫煙と同じで、隣で4時間も大いびきをかかれたら、オレも1時間はいびきをかいたことになるんだぜ?? めちゃめちゃ健康に悪いじゃないか。オレに過失はないのに冗談じゃない。

と、いうことでやっと夜中の3時に眠りにつき、3時間後の朝6時に起きた。

眠い……（涙）。最初は10時に床についたんだから8時間は眠る予定だったのに、なんで3時間しか寝られていないんだろう。あとの5時間何やってたのオレ？　**苦しまされていたの（号泣）⁇**

まだ陽が昇らず青黒い中、汽車站まで行くと昨日も見かけた白人3人組がいた。「ノンスモーキングのバスはないか？」などとオレに聞いて来た彼らである。まあ、今ならわかるよその気持ち。隣で5本吸われると、こっちも1本吸ったことになるんだもんな。辛いよねそれは。

しかしどうだろう。余談だが、「受動喫煙」があるということは、**「受動授乳」**みたいなものも成立したりしないだろうか？　産婦人科の待合室なんかに行って、**周りで5人の赤ん坊がオッパイを吸っていたら、オレも1パイ吸った気分になれるのではないだろうか⁇**　ちょっとためしに今度忍び込んでみようかな……。だって、**吸いたいもん。**

我々の目的地は成都への第2の経由地、郷城である。第1の経由地はここ香格里拉、そして毎日移動を繰り返し第4までを経由して5番目がやっと成都なのである。長い道のりだ。ふざけんな。

バスに乗り数時間で雲南省を抜け、中国入り後初めて省が変わり、四川省に入った。四川省は昔「蜀《しょく》」と呼ばれた地域であり、なんといっても険しい自然に阻まれ通行が困難なことで有名だ。

下の写真で筋のように見えるのが通って来た道。

まさに評判通りで、四川省に突入してからは標高4000メートルの山々の、その山肌をちょっと削っただけの細く危ない道をガタガタと走行、運転手がほんの5秒だけ居眠りすれば全員揃って谷底転落だ。ああ恐ろしい。

大丈夫だろうな。運転手さん、まさか居眠りなんてしないだろうな。まさか睡眠不足の状態でバスに乗ってないだろうな？……そういえばオレ昨日、深夜2時に運転手風のルームメイトを叩き起こして部屋から追い出したけど、**違うよね。あ**

の人じゃないよね運転してるの。

途中検問に引っかかってしばらく止まることがあったのだが、同じバスに乗っていた例の白人3人衆はまたもやオレに「いったい何が起きているんだ？」と聞いて来る。

だから、オレは中国人じゃないんだってーの！　見てわかるだろ!!　たしかに昼の休憩の時にオレは上半身裸になって、空気椅子の姿勢で両腕を伸ばして頭と肘と膝に水の入った茶碗をのせられて、パイプをふかした白髪で顔の赤い師匠にしごかれていたけど、だからといって中国人だと思わないで欲しいっつーの!!　**中国語はあんたらと同じくらいできないし、英語はあんたらの10分の1くらいしか喋れないし、なんの役にも立たない人間だっつーの（涙）!!　自分が情けないっつーの（号泣）!!!**

香格里拉を出て10時間、後半は雲を見下ろしながら山の上を走って、夕方5時前に山あいの町、四川省郷城へ到着した。

オレは1泊してすぐに次の町・理塘《りたん》へ向かうつもりだったため、このまま明日のチケットを買おうとひとつだけある出店のようなみすぼらしい窓口に行ってみたのだが、なぜか売り場は閉鎖されている。なぜだろう。こんな時間に営業が終了するはずもないし……。

白人のうちの1人が、また声をかけてきた。

「なあ、おまえも明日リタンに行くのか?」

「ああ、行くよ。オレも行くんじゃなくて、**オレが行くんだ。あくまでもオレがメイン、あんたがサブ**」

「この切符売り場がやってないのはなんでだ? どこでチケットを買えばいいんだ?」

「なんでだろう。なんでやってないんだろう。どこでチケットを買えばいいんだろう」

「だからそれをおまえに聞いてるんじゃないか」

「オレを誰だと思ってるんだてめえっっ‼ オレは中国を一人旅している中国語の喋れない日本人だっ!!! 立場はあんたたちと同じなんだよっ‼」

「えっ、同じなの? 見た目は中国人なのに?」

「見た目も違うじゃんか。見てこの髪のツヤ。こんなにはっきりとした天使の輪がその辺の中国人にある?」

「どうだ、一緒に行動しないか? おまえは中国の文字が読めるじゃないか。協力し合ってなんとかリタンを目指そうぜ。オレはガディ。こいつはガールフレンドのレウト。そして彼は友人のエヤルだ。まあ**脇役だから名前は覚える必要ないけれど**。オレたちは、イスラエルから来たんだぜ」

「じゃあとりあえずすぐ隣に宿があるから、まずはあそこに居を構えない? そんで宿の人に聞いてみようよ」

「なるほどそれじゃあそうしよう」

バスターミナルのすぐ隣にあった「なんとか茶楼」という宿を訪ねてみると、シャワートイレはいつもの共同だが、一部屋にベッドが2つ並ぶ客室は今まで泊まったところと比べても俄然キレイであった。

じゃあまずはここで2人ずつ部屋を取ろうか、そうしようか、という雰囲気になったのだが、なんと紅一点のユダヤ人女性レウトさんが、こんな宿はイヤだと言う。……あの、恐れ入りますがあなたの辞書に協調性という文字はないのでしょうか。

いかなる訳でここがダメですかと尋ねると、彼女は**洋式便器のついているホテルでないとイヤだ**と言うのだ。

……………。

キミたちねえ、**だいたい中国を旅行先に選んだこと自体が間違いなんだよ。なんではるばるイスラエルからもんのすご〜く遠い中国まで来て洋式便器や禁煙バスを探してるわけ⁇**

紅一点のわがまま娘と、その彼氏のチリチリあたまガディくんは荷物を置いて別の宿を探しに行った。オレともう1人、カップルと比べると常識のありそうなメガネのユダヤ人・エヤルは居残りだ。

よし、この隙に宿のおじいさんにバスのことを聞いてみよう。

「お尋ねしたいんですがおじいさん。明日僕たち汽車で理塘まで行きたいんですが、ピャオ（切符）はどこで買えばいいんですか？ 明日の朝買えばいいんですか？ ウォーメン シャン チュイ リタン。ピャオ ツァイ ナーリ？」

「リタン？ ニーメンプーノンチュイリータン！ トチューノーミチラクシーゴロゴロ‼」

「そうですかそうですか。ありがとうございます。シェーシェー」

「おい、おまえちゃんと中国語喋れているじゃないか。すごいな。そのオールドマンはなんて言ってたんだ⁇」

「全然わからんかった（涙）」

「なんじゃそりゃっっ‼」

「聞き取りはできないの（涙）。僕にできるのはただ簡単なことを一方的に伝えるだけ。**僕の存在なんて安い電報みたいなものなの（号泣）**。で、でも、今おじいさんは何か落石がゴロゴロとかそんなジェスチャーをしていたような……」

「たしかにそうだな。転がっていたよなじいさんの前でなにか巨大なものが」

…………。

なんだってえええ〜っ!!!　落石で道が崩壊してバスがぺちゃんこで人が大勢死んで村が滅びたって〜〜〜っっっ!!!

…………。そこまで言ってないか。

でもたしかにおじいさんは、何かを説明しつつ両手を上から下に「ゴロゴロゴロッ」という表現がしっくりくる感じでジェスチャー回答してくれた。

これはやはり落石、もしくはバス自体が崖から落ちたか、昨日同部屋だった寝不足の運転手が崖から落ちたか、とにかく何かがゴロゴロと落ちてしまって現在バスは運休しているということだろう。間違っても、「いや〜、わし先週年金をつぎ込んでIT株を買ったんじゃけどな、ここ数日でドッカンガラガラと大暴落してもう大変なんじゃっ（涙）!!」と、**オレたちの質問を完全無視して自分の資産運用の失敗について身振り手振りで嘆いたわけではあるまい。**

しばらく前に洋式ホテルを探しに行った我が道カップルはまだ帰って来ない。どこまで行っているんだ。

だいたい、この四川省の山奥まで来て洋式便器でないと用が足せないとは、何たるわがままなんだよ。男の方のチリチリあたまくん（チリチリくん）もやたら禁煙にこだわる我が道を行く男だが、彼も自分の彼女に付き合わされて**理想の便器を求める長い旅**に出かける羽目になっているということには、同情を禁じえない。

でもそこで怒らずに言いなりになってしまうというのは、男として甘すぎるんだよ。まったくみっともない。もし仮にオレが深田恭子ちゃんと2人で旅行をしていたとしても、万が一旅先で彼女が状況を考えないわがままなど言い出そうものなら、オレは厳しい環境をくぐり抜けて来た理性ある旅人として、そんな時にはもう、**なんでも許しちゃう。**

だって、愛らしいフカキョンと2人で旅行だなんて、**それだけで素敵すぎるじゃないか〜〜。フカキョンのためなら洋式便器ぐらい担いで旅してやるってんだよ〜〜〜。そして使用後に流さないまま担いでもいいってんだよ〜〜〜汚れても構わね〜んだよ〜〜。**

あっ、バカップルが帰って来た。

何チンタラやってるんだよおまえらっ!!!　チリチリくんも男なら男らしくわがまま女にガツンと言ってやれよっ!!　愛情と甘やかしは違

うんだよっ‼　女に強気に出られないなんて情けない奴だなっっ‼!

「待たせたなおまえら。そんなにゴージャスじゃないけど、ちゃんと2人部屋に洋式トイレの付いているホテルを発見したぜ。一部屋120元だ。しかも、スタッフに英語を話す奴がいて、バス探しに協力してくれるってさ。さあ移ろうぜ」

「せっかくだけど、オレはここに泊まるよ。洋式ホテルじゃ予算オーバーだし、このおじいさんの宿に押しかけておいて今さら別のところに行けないでしょ。でも後でそっちのホテルを訪ねて行くから、バス探しには便乗させてくれたまえよ」

「いいよ。エヤルはどうする？」

「おう。オレもカップルと比べると常識のありそうなメガネのいい奴だから、ここにジャパニーズと一緒に泊まるさ。そっちに移ったとして2人部屋にオレ1人だと割高になるしな」

「そうか。じゃあ後で合流しようぜ」

オレと共に待っていた、ユダヤ人3人の中で1人だけ話のわかるメガネのいい奴・エヤルは彼らとは行動を共にせず、この安宿にオレとルームシェアして泊まるということになった。

とはいえオレたちもチェックインを済ませると洋式便器ホテルに行き、そこで英語を喋る貴重な中国人スタッフさんをつかまえて再び汽車站（として使っているただの空き地）へ。

通訳してもらい、理塘行きのバスはあるのか？　また、バスがなければどのようにして行けばよいか？　そして、このユダヤ人のカップルはどういう育ち方をしてこんなに自己中心的な放蕩者になってしまったのか??　ということについて聞き込みを行った。

すると……。

やはり理塘近辺で落石があり、道が崩壊してしまっているという！

なんてこった。これで先へは進めなくなった。ああ良かった。**そんなあっさりと落石で崩れるような道を何も知らずにバスで走る羽目にならなくて良かった。**

かなり際どいところだったぞ。オレたちの出発か落石のどちらかが何日かずれていたら、下手したら落石にモロに直撃されてペシャンコになり、「トムとジェリー」のようにペラペラになった体を空気入れで膨らませてやっと元に戻るなんてことになっていたかもしれない。時々空気を入れ過ぎると丸くなってプンワカと浮かんでしまい、**トゲに刺さってブシューーーッ!!　と飛び回るような展開になったりするから恐ろしいよね。**

だいたい、今日通って来た道も落石↓崩壊が十分あり得るルートだってことだろ。この山間の村だって、いつ大岩の直撃を受けてもおかしくないんだ。**落石で洋式便器が崩壊**なんてことになったら、彼女怒って手がつけられなくなるぜきっと。そしたらチリチリくんが工具を買って来て、**岩を切り出して洋式便器を自作することになるぜきっと。**

それにしても、道が崩壊なんて……。そんな簡単に崩壊しちゃったのか。ほうかいほうかい。それじゃ、戻るしかないんでしょうなったら？　そうなのね通訳のあなた？

「ところが、香格里拉に戻るバスも明日はないんだ。このところ不定期でな、3日に1本くらいしか出ていなくて。でも安心してくれミスターわがままたち。何日でも我がホテルに滞在していいから。宿泊費を払う限りは」

オレよりも先に、チリチリくんが毒づいた。

「シット！　なんてことだ！　冗談じゃねえ。オレは高山病にかかって体調がベリーバッドなんだ‼　早くここを出ないといけないのに‼」

うーん……。

これこそまさに八方ふさがりだな。先に進めないのはもちろん、帰るにもバスが不定期でいつになるかわからないとは。

でもさあ、それはここに来る前、**香格里拉のバス乗り場で窓口のおばちゃんが説明するべきじゃなかったのか？**　電話くらいあるだろうし、落石の情報も入ってたはずでしょう。だったら、**オレたちに切符を売る時にそれくらい説明したらどうなんだっ‼　まあ中国語で説明されたところでこっちは理解できないけどなっっ（なんだそりゃ）‼!**

ということで、一旦解散してその翌朝。

オレたちは洋式便器ホテルのロビーに集合し作戦を練ることになったのだが、いかんせん言葉の壁が厚く、オレはただ1人黙ってちょこんとソファーに座り彼らの話を聞いているだけだった。

結局馴染《なじ》めないまま徐々に仲間外れになり始めたので外に散歩に出てみると、道端でバックパックを背負った中国人の女の子2人組を発見した。**これはチャ〜ンス!!**

「ニーハオお嬢さん（カタコト&筆談）！　僕は中国でも大人気の、おなじみ若い日流スターです。旅行中ですか？　もしかして理塘に行くのですか？　**パチクリ！　ピチクリ（ウィンク）!!**」

「ニーハオ！　**メロメロメロ〜〜ッ**♡　そうなんだけど、石が落ちてきて、道がないのよ。だからもう香格里拉に戻るしかなくて」

「**モレモレモレ〜ッ!!**　やっぱり。でも戻ると言っても戻るバスもないんでしょ？　メイヨーチーチョー（没有汽車）でしょ？」

「メイヨーチーチョー。ねえ、よかったらタクシーをシェアして香格里拉まで行かない？　もちろん交渉は私たちがやるわよ」

「**なんと!!　メロメロメロ〜〜〜ッ**♡　それはなんて素敵な提案なのでしょう！

共に行きましょう！　**僕は一人旅です。**　ちょっと荷物を取って来ますから待っててください」

中国人小姐2人組は年の頃おそらく20代前半、茶髪にサングラスなんかかけちゃって都会派で、この山奥の田舎では確実に浮いている。中国でも都市部に住んでいる女性は情報が多いため、やはりオシャレになるらしい。いろんな面での国内格差が激しい国だなあ。

オレはほふく前進で洋式便器ホテルのロビーに戻り、ソファーの陰に隠れながら自分の荷物をキャッチし、またじりじりと這いつくばりながら出口へ向かった。どうか見つかりませんように。

「あれ？　何やってるんだおまえ？　荷物持ってどこ行くの？」

「ズガーーーーン!!!　あわわわ……ち、違うんです。決して意地悪してタクシーのシエアの話を黙っているわけじゃないんです。**だって、あと3人も増えたら一台のタクシーじゃ乗り切らないんですからっ!!　僕はただ規定乗車人数を守ろうとしているだけなんです!!　法律は守らなきゃいけないんですっ!!　だから友情は大切だけれど涙を飲んで心に鬼を棲まわせて法を犯さないために僕1人だけで行こうとしているんです!!　泣いて馬謖《ばしょく》を斬るなんです（涙）!!　悪法も法なりなんですっ（号泣）!!!」**

…………。

そして1時間後……。

イスラエル3人組のごり押しと中国人小姐の奔走により、オレたち6人のツーリストはワゴンタイプの**タクシーと名乗る車**を捕まえ（本当にタクシーなのかどうかはもはや不明）、荷物を詰め込み自ら乗り込み、標高4000m近くの**落石ですぐ崩壊する山道**を、南に向かって走り出した。狭い……。

自然の要害を削って造られた恐ろしい道を走り、途中、峠の茶屋のようなところで昼食に。ここでは漢字が読めないユダヤ人は何もできないので、オレは彼らと同じテーブルに着き、彼らのために漢字メニューを見て注文してあげるという役割を担うことになった。

ちぇっ、香格里拉のチケット売り場から始まって、なんで漢字のシーンでは毎回毎回オレが一生懸命キミたちの世話をしなきゃいけないのさ。**私はあなたたちの言いなり玩具じゃないのよっ!!!**

まあでも、旅先で助け合うのは当たり前だから別になんとも思ってないけどさ。ただ「言いなり玩具」という言葉を言いたかっただけです。

彼らはベジタリアンで「シンプルなものを頼んでくれ」と要求が来たので、野菜といえば、麻婆ナス！　麻婆豆腐！　そしてよくわからんけど炒生菜!!

豪華中華料理がババーンと並び、さあいっぱい食べなよみんな！　と勧めたところ彼らは全ての皿からひと口ずつだけ食べて、**「辛いぞっ！　こんな辛いもの食べられないっ!!」と文句を垂れた。**

…………。

この人たち、中国旅行を楽しんでるんだろうか？

「あの皆さんちょっと聞きたいことがあるんですけど」

「なんだ？」

「ベジタリアンの上に食堂の人とコミュニケーションが取れないのに、今まで食事の時はどうしてたの？　どのようにして中国を旅して来れたのあなたたちは？　そんなに横暴なのに」

「別に難しくないぜ。中国でもだいたいツーリストが行く街には、英語メニューの置いてあるレストランがあるんだ。そんでパスタとかピザが頼めるからな」

「なに――――っっ!!!　じゃあ、中国にいる間中パスタとかピザを食べてたのわがままなあなたたちは!?」

「そうだぜ」

なんてことだ。中国に来ているのに、入国してから今日までほとんど中華料理を食べていないとは……。

逆にオレが問いたいが、**中華料理以外になんか中国に魅力があるのか??　中国の旅で中華料理が食べられなかったら、他に何が楽しいことがあるんだよ。**

…………。

おおっと。すみません、**口が滑りました。**　※中国には料理以外にも魅力ある見所がたくさんたくさんあります

でも中華料理が嫌いなのに中国を旅しているなんて、**むしろあんたたちの方がオレよりよっぽど中国を愛してるよね。**

結局、3人はその後おかずには一切手をつけず、**ただ白いご飯だけを**寂しそうにチマチ

マと食べていた。ご飯の入った茶碗を持って、塩だけふりかけて味を付け、使えない箸を2本一緒にグーで握ってちょぼちょぼと白米をかき込む姿を見ていると、**さすがにあまりにも気の毒でオレは少し目が潤んだ。キミたち、中国に何しに来たの？　何度もしつこく聞くけど。**

再び崖っぷちを走り、昨日と全く同じルートを逆方向に8時間。既に香格里拉は夜の帳《とばり》に包まれ……しかしなんとか帰って来られた。たった1日だけで四川省から雲南省へ逆戻り。香格里拉の汽車站からは夜も遅いというのに3人組と2人組がそれぞれバスとタクシーに乗り換えて、別ルートで四川省方面を目指して消えて行った。1人取り残された後期高齢者のオレは疲労感いっぱいなので、客引きのおばさんについて近くの招待所（安宿）で1泊である。

ああ、現代でも蜀への道のりは遠い。

非常に無駄足な、わけのわからない2日間であった。

噂のユダヤ人トリオ

6　目指せ四川省！　パート2

香格里拉の格安招待所から、早朝出発しようとして玄関のドアを開けたところなぜか外から鉄格子で塞《ふさ》がれていて出られない。

お~い。どういうわけだ。昨晩客引きに誘われるままここに来てしまったけど、もしかして、ここは宿じゃなくて人身売買の基地だったんじゃあるまいな。言っとくがなあ、**オレの内臓は金にならないぞっ!!! 心臓なんてノミの心臓サイズしかないんだからっ!!! こんなのノミにしか移植できないだろ!! それともなにか? 最近はノミも移植代を払えるのかよ!! ノミのサーカスで蓄えた資金かっ!!!**

「**おーい! 誰かいないのですかーっ!!** あっ、通行人の農夫さん! ちょっと、ちょっとちょっと! お願いです、僕を出してください! こっそり逃がしてください!」

「おう、おまえ出られないのか。管理人を呼んで来てやるよ。なーに、いつもこうなんだからここのババアは。しょっちゅうそうやって泊まり客を叫ばせてるのさ」

農夫おじさんは宿の隣に建っている管理人のバアサンの家に向かうと、ガラス戸をガンガン叩き「起きろラオターニャン(老大娘)! 青年が困ってるぞ!」と呼びかけてくれた。

しばらくすると、管理人のババアというと言い過ぎだがおばあさんと言うにはちょっと憎たらしいので、管理人の**ババアさん**が、農家おじさんに連れられ寝間着を羽織ってヨボンヨボンとやって来た。

「おう、おまえ、こんな早くにもう出るアルか？　さすが日本人は勤勉だなあ」

「感心してる場合じゃねーだろっ!!　あと10分で汽車《チーチョー》（バス）が出るんだよ!!!　とっとと開けやがれっ!!　開けろ！　出せっっ!!　ウガ――――ッ!!　開けろっ！ウゴ――――ッッ!!!（ヨダレを垂らし、両手で鉄柵をガンガン揺すりながら）」

「開けるわけにはいかないねっ。こんな危ない奴を野に放ったら何しでかすかわかったもんじゃない。一生檻の中で過ごしなっ!!」

「なに――――っ!!!　あの、看守のおばあさま。僕は模範囚なんです。自分の犯した罪を心から反省しているんです。僕がセクハラをした女性たちには、一生かけて償って行くつもりです。彼女たちが危険な目にあわないように、帰宅時にはこっそり後をつけて見守ってあげたいと思っています。彼女の仕事中も、泥棒が入らないように定期的に合鍵で部屋に入り安全を確認、部屋の固定電話から彼女の携帯に無言電話をかけてそれとなく『キミのことはいつでも僕が見守っているよ、安心して』ということを伝えてあげたいと思います」

「そうか、そんなに反省しているなら許してあげよう。釈放」

「開いたっ!!　うお――――っ!!!　汽車が出るっ!!　チーチョー!!　待って、チーチョー待って!!!　どいてババアさん!!」　ぐちゃっ
「アレ～～～っ（号泣）!!」

おじさんに謝々を言いババアさんを踏み越え、香格里拉汽車站に駆け込むと辛うじて麗江行きの汽車に乗り込むことができた。

そのままほんの1週間前にもいた雲南省の麗江まで戻ると、1泊だけして翌日また別のバスで今度は東の町、成都行き電車が通過する拳枝花《パンジーホワ》へ移動した。

12時間バスに揺られて（いちいち長いんだよっ）夜7時に拳枝花に到着すると、そのまま駅の切符売り場へ直行。運行スケジュールは全く把握していないが、とにかくくれ。切符をくれ。**切符をよこせよこの漢委奴国王《かんのわのなのこくおう》にっっ!!!**

「すいません！　このメモを見てください！　成都　1个人　アズスーンアズポシブル。すぐ行きたいんです。今天の火車（今日の電車）はありますか？」

「深夜の1時49分発の火車ならあるよ」

「**なんじゃその時間は〜〜〜っっ!!　そんな時間に発車する電車があってたまるか〜〜〜っっ!!!　でもそれください（号泣）。**寝台席にしてよね」

「寝台席メイヨー」

「うそー。じゃあ軟座は？」

「メイヨー」

「もういいよ。じゃあ硬座にするよ」

「メイヨー」

「なにを言っとるんじゃ〰〰っっ‼　あれもないこれもないって、ナイナイシックスティーンを歌うシブがき隊かっっ!!!」

説明しよう。

ここで切符係おばちゃんの言っている「メイヨー」というのは、「没有」即ち「ない」という意味の中国語である。

とはいえ、はっきり言って中国の人々は本来の「ない」だけでなく、**「おまえの相手をするのが面倒くさい」**という意味でも（特に外国人相手の時）この「メイヨー！」を投げつけるので非常に腹立たしいのだ。特にバスや電車のチケット窓口のおばちゃんが叫ぶ「メイヨー！」のいやらしさと冷酷さは天下一品で、思わず彼女たちに**メイヨー市民の称号**を与えたくなるくらいである。

もうひとつ説明であるが、中国の電車には座席が４種類あり、良い方からまず軟臥、硬臥（この２つが寝台）、そして寝台ではないがやわらかい軟座、最後に狭く硬い硬座だ。ところが、今回窓口おばちゃんはどの席に対しても「メイヨー！」と無情にお叫びになったのである。

「おうおうおばちゃんよう。あんた客に対して『１時49分発の火車ならあるアルよ』と言っておきながら、ことごとくどの座席もメイヨーとはどういうことやねん。**じゃあ結局その火車には乗れないってことでしょうがっ!!　それともなにか、今聞いた以外の席があるってーのかよっ!!!」**

「ウーツォ」

「なによそれ。ウーツォかよ。どういう意味？　それはウーツォならあるってこと？　**ウーツォという席を買えばいいということですかっ!!　ウーツォならあるんだねっ!!!」**

「ヨウ」

「そうか。じゃあそのウーツォを1人分くれたまえ。成都まで。……あら、随分安いのね。なんだか得した気分♪　ありがとうおばちゃん！　ルンルン♪」

「プーヨンシェー」

よくわからんが、1時49分発、ウーツォの切符を手に入れたぞ。でも、なんだろうこの席は。オレの知っている4種類の他にもまだ席のタイプがあったなんて知らなかったなあ。漢《かんの》委奴国王《わのなのこくおう》向けの貴賓席かしら？

……………。

ん??

落ち着いてチケットの座席種別のところを見てみると、そこには**「無座」**と書いてある。

なんじゃそりゃ〜〜〜〜っっっ!!!

「無座」を中国語で読んだらウーツォ!!　わかる！　意味は良くわかる!!　**でもちょっと待てコラッ!!　席がないのに「無座」という切符を売るというのはものすごく矛盾してないかっ!!!　だって無座だぞ!?　ないんだぞっ!?　ない物をどうやって売ってんだよっ!!!**

……まったく、矛盾しているよ。**どんなものも貫く矛《ほこ》でどんな武器も通さない盾《たて》を突いたら両方粉々になってしまうよ。**さすが矛盾という言葉が生まれた国だけあって中国には矛盾が多いぜ。

ここから成都まで、電車で13時間である。無座なのに、13時間。しかも深夜の2時前に出発。しかもここ数日は毎日移動の繰り返し、今日だってついさっきまで12時間もバスに乗っていたのだ。

こんな状態でさらに電車で13時間も、そこまでハードな移動をさせたら、**パンタグラフでも「もう限界です……勘弁してください（涙）」と弱音を吐くぞ？**　それをパンタグラフでもない人間（しかもガラス細工のようなもろさを見せる後期高齢者）のオレに無座で行けって言うのか??

というか、無座ってなんなんだよ。乗り込む時にこの無座のチケットを見せたら、係員にも**「無座ってなんだよ!! 席がない奴が電車に乗れるわけねーだろっっ!!!」**と追い帰されるんじゃないだろうな??

現在時刻はまだ午後8時であるので、発車まであと6時間。見知らぬ町で夜出歩きたくないので、6時間をひたすら待合室で過ごさなければならない。

ここで6時間か……。

過ぎないだろここで6時間も……。何もすることがないし、横になろうとしても椅子が硬すぎて無理だし、**こんなところで過ぎることができる「時」は、せいぜい2時間が限度なんじゃないか?** 2時間過ぎたら時の方も「もうさすがにこれ以上無理!」と投げ出して、その時点で時間が止まるんじゃないだろうか。太公望を配下に迎えるために釣りの間ずっと立って待っていた周の文王でも、この待合室で6時間電車を待つことになったら貧血で倒れるぞきっと。

もし寝過ごしたら6時間待ちから一気に24時間待ちくらいに増量してショックで泣いちゃいそうなので、寝るわけにもいかない。男として、涙なんか見せられない。せっかく今まで

1滴の涙も見せずに旅をして来たんだから、ここで号泣することだけは避けたい。

……………。

かゆい。

ががっ!!　刺されたっ!!　蚊に刺された!!!

右手の親指の爪のすぐ下と、あと中指と薬指の間の股!!　直径1㎝くらいにボッコリ腫《は》れてる!!　すんげーかゆいっ!!　最悪にかゆいところを刺されたっ!!　うが―――っっ（泣）!!!　ががっ、かゆい〜〜〜〜〜〜っっ!!!

くそっ、なんで蚊は刺されるとかゆいんだよ!!　**だからおまえらはむかつくんだっ!!!　なんでも、血を吸う時にかゆくなる毒を注入していくそうじゃないか!!　かゆくさえしなきゃ血くらい分けてやるんだから、毒はやめろよ毒はっ!!!　毒とかそういうのは冷凍餃子の一件もあって今みんなが一番気にしてるんだからっ!!　おまえらだって毒を入れなきゃ憎まれないで済むだろうがよ!!　パチンパチン潰されることもなくなるんだぞっ!!　そういう先のことまで考えろよっ!!!**

……でも今調べてみたら、蚊の毒唾液を血管に注入すると、血が固まらなくなってそれでチュルチュルと吸い易くなるんだって。

そういう生き物の仕組みって、誰が作ったんだろういったい。神様？　なんで元々この世には宇宙も時間も空間もなかったのに、こんな唾液を注入して血小板の凝固を妨げておいて血を吸って栄養を得るなんていう構造の、しかも空を飛べる生物がいつの間にか登場してるわけ⁇　プログラマーだろ。**プログラマーが作ったんだろ!!!　この世を宇宙の外から見ているプログラマーが開発したに決まってる!!**　そうでなければ、今の技術をもってしても「無」から蚊を作り出すことなんてできないんだから、文明もクソもない１億年以上前にこの世のなんらかのものが蚊を登場させられるわけがないじゃないか。くそっ、**かゆいなあ!!!　親指の爪の下（泣）!!　あと中指と薬指の間の股（涙）!!　ここが一番かゆいところなんだって（号泣）!!!**

…………。

いやあ、でも、蚊に刺されたおかげでいろんな所に思考が飛んで、おかげでだいぶ時間が過ぎたぞ。まさか蚊について騒いでいるだけで数時間もの時が過ぎようとは……。とんだ怪我の功名だったな。今、何時ごろになった??　もう12時近いんじゃない？　どう？

……あれ？

まだ８時７分じゃねーかっ!!!　数時間どころか、７分しか過ぎてねえぞオイっ!!　なめてんのかっ!!!　おいコラ拳枝花!!　おまえ時が過ぎるのが遅すぎるんだよっ!!　ただでさえ６時間も電車を待たなきゃいけないのに、その遅さはなんだっっ!!!　ここがシンガポー

ルだったらもうとっくに5時間は経ってるぞっ‼　いい加減にしろよっ‼　そもそもなんて読むのかもわからねーんだよ拳枝花テメーーッッ!!!

だいたい、拳枝花だけじゃないよ。あんたもあんただ。あんただよ。あんたっていうのは、**この本を読んでいるあんただよっ‼**

人が中国の見知らぬ駅でひたすら6時間苦しみ抜いてるのに、そんな場面をペラペラとページをめくってたったの数十秒で読みやがってよっ。もしかしたら、お菓子なんかつまみながら読んでるんじゃないか人が苦しい思いをしてる旅行記を⁇　**冗談じゃないぞっ!!!　待合室のオレはお腹が空いても何も食べずに待ってるんだぞ‼　少しは苦しみを分かち合おうとしろよっ!!!　なんだその不快感の一切ない適温に保たれた部屋はっ‼　少しの間くらいエアコンを消したらどうだっっ!!!**

………あっ。

そんなこんなで、いつの間にか**本当に電車の時間だ(涙)**。

いいんだよ。オレは6時間辛くて必死だったけど、**どうせ人は他人の痛みを感じることなんかできないんだから**。いいんだよ苦しむのはオレだけで。同情するなら本を買ってくれよ。友達と回し読みなんかするんじゃなくてさあ。

待合室の半分以上の人が同じ電車に乗るらしく、乗車時間が迫ると中国人＋オレの大移動が始まった。

う〜ん、こんなにたくさんの乗客がみんな同じように6時間も待っていたのか……。中国では、昔からこんなことが当たり前だったんだな。これだけ大勢の人がしょっちゅう退屈をもてあましていたら、**そりゃあ乱のひとつやふたつ起こしたくなるよね**。そうやって黄巾の乱とか起こったんだろうな。**暇潰しで**。

車両入り口には荷物を抱えた中華人民の皆様が殺到。きっと、みんな無座なのだろう。イスの席だったら全部指定なんだから、殺到する必要がないからな。

無座のチケットを持っている者は、最もランクの低い座席である「硬座」がもし空いていたら勝手に座ることができる。とはいえ、そんな貴重な空間は先頭で殺到した方々がとっくに殴り合いの末に確保しており、さすがの漢委奴国王であるオレも特別扱いはされない。

乗車率5万％の血みどろの車内を見渡してみると、中央の通路に人が並び、車両間の出入り口スペースも人で埋まり、中国だけに両足を180度広げてそれぞれの足裏を壁に付けて踏ん張り、**合掌しながら空中に留まっているクンフーの使い手**などもいる。**いるわけねーだろっっ!!!**

オレはガッタンガッタン揺れている連結部、トイレのすぐ斜め前にかろうじて1人分のスペースを見つけ、荷物は地べたに置いて自分はそこに立って耐えることにした。

よし、がんばるぞ。ここで到着まで、13時間……。

麗江から今朝バスに乗って12時間、そのまま駅で電車を待って6時間、そして、これから立ったまま13時間か。いやあ、**ちょっと人道的にそれはどうかと思うよ。**やりすぎだって。あまりにも残酷でしょう。

これはできることなら、なにか政府による救済措置などを検討した方がいいと思う。だって、ここまで残酷なシーンを見せてしまったら、**この旅行記を映画化する時にR－18指定が付いてしまうだろっ!!　それだけで観客動員数にすごく影響が出るんだから!!!**

※主演・さくら剛役＝宮﨑あおい

とりあえず立ったままではとてももたないと判断したオレは、そのまま尻を浮かしたウンコ座りに移行したのだが、それでもやっぱりとてももたない。揺れるし……。

オレはこんなこともあろうかと持っていた必殺「スーパーのレジ袋」を床に敷いて、その上に尻を下ろした。

辺りには床に寝そべっている乗客もいるが、はっきり言ってこんなもの汚床《おゆか》である。ましてやここはトイレの真ん前だ。トイレ付近の床というのはトイレの床を歩いた靴がそのまま来るわけで、つまりここに座るのはトイレの床に座るのと同じだ。そんなの断じて許されない。

こんなところにマイジーンズのケツで直接座るようなそんな残酷な描写は、もはや映像化したらR指定どころか**お蔵入りレベル**、教育評論家などが**「近ごろの青少年の凶悪犯罪の背景には『中国なんか二度と行くかボケ！……でもまた行きたいかも。』のような残酷な作品の影響があるのではないでしょうか」**などとワイドショーでしたり顔でコメントしてもおかしくない究極のタブーだ。

ということでそれからずっとレジ袋の上に座っているのだが、連結部なものだから人が通るたびに動いて道を空けなければならず、なおかつ空調の風が直撃して寒い。

エアコンのある車両部から冷風が吹いてくるため、車両入り口のドアを閉めれば風は止まるのだが、通行人の面々はドアを開けても通った後に全く閉めようとしない。キミたち、開けたら、閉めろ‼　それがモラルだ‼

空調の直撃が我慢ならなかったため、オレは自分でドアを閉めに行くことにした。すると、立ち上がった瞬間その空調の風が座っていたレジ袋をスマッシュヒット！　ぴらぴら〜んと宙に浮いた貴重な敷き袋は、そのままやはりドアの開いていた**汚**《お》**トイレの中まで**飛んで行き、その汚床《おゆか》に見事に裏返って着地した。

うぎゃ〜きたない〜〜っっ（泣）‼　なんてこった〜〜っっ汚床から尻を庇《かば》う唯一のバリアが〜〜っっ（号泣）‼!

もうダメだ……これで座れなくなった……。

座れないよ〜っ到着まであと12時間42分もあるのに〜っっっ（まだ乗車して18分しか経っていないのであった）‼!

……………。

さて、そんなこんなでいきなり時は過ぎ乗車から5時間。

オレは直立したまま両膝を激しく痙攣《けいれん》させ、薄れゆく意識の中で徐々に白み出したドアの小窓の風景に目をやっていた。

ああ、もう足が限界だ。この揺れる連結部であと7時間は無理だ。時折ニュースで見かける、**水の中で1週間くらい暮らしてギネスを更新するマジシャン**でも、この中国の火車で連結部に立たされたら5時間でギブアップするはずだ。だいたいあれをやっているマジシャンは、はっきり言ってマジシャンではなく**ただの我慢強い人**だから。

自分自身の限界もそうだが、朝になり座席の乗客の方々が目覚めるに従って、もうひとつあまりに恐ろしいことが起こり始めた。比較的マナー意識のあった雲南省では見られなかった光景がここで……**遂に中国（巨竜）がその凶暴な牙をむいたのだ!!!**

オレは自分自身は連結部にいるのだが、バックパックをはじめとした荷物はギリギリ車両内、座席に立てかけるように置かせてもらっていた。ところが、中国の方々は、電車の中にもかかわらず所かまわず床に、通路に向かって**カーペッペッ！**　と唾やタンを吐きまくるのである!!

おおお……なんと恐ろしい……。

さすがに人の荷物に向かってわざわざ吐く人はいないのだが、近隣に座っているおじさんおばさんの面々は、平気で**オレの荷物の上を通過するように**唾を飛ばすのだ。

積み重なったオレの荷の上空で、四方八方から中国人の唾液が飛来し乱れ飛んでいる。完全な領空侵犯である。

いくら彼らがツバを吐くのに慣れていて、百発百中の自信があるからといって、それでも絶対に途中で墜落しないとは限らないではないか。日本でも、西南戦争の「田原坂《たばるざか》の戦い」

跡地では、鉄砲の弾と弾とが空中で衝突した「かちあい弾」というものがいくつも発掘されたと聞く。それならば、この成都行き火車でも「かちあい唾」が発生し、空中で激突した2つの唾がそのままブレンドされてオレの荷に**ネチャねちゅネチョチョ〜ン♪**と落下しても何ら不思議はなかろう。**ナムアミダブツナムアミダブツ……（号泣）。**

そのように飛び交う唾に恐れおののいていると、今度はいきなりモップを手にした乗務員がやって来て床の掃除を始めた。

ひまわりの種や落花生の殻、その他あらゆるゴミそして当然乗客から吐かれたいろんな体液、さらにトイレ付近の汚床もまとめてひとつのモップで拭いており、残念ながらオレから見ればそれは掃除ではなく**ただ汚物を満遍なく広げているだけ**にしか見えない。うえ〜。

…………。

おっ。

や、やばい……。

モップが、オレのバックパックに迫っている。き、汚い。**やめてくれっ‼　モップの毛の1本たりともオレの荷物に触れさせないでくれっ!!!　その辺は掃除しなくていいからっっっ!!!　やめてっ‼　近寄らないでっっ（涙）!!!**

幸い、どうやら乗務員もそんなに丁寧にあちこち拭き切るつもりはないらしく、荷物の周辺の床は少しスペースを残してアバウトに擦《こす》っており、バックパックと汚《お》モップとの間には常に一定の空間が保たれていた。

良かった……。荷物が汚物と一体化しないで良かった……。**合体して汚荷物《おにもつ》に進化しないでよかった……。**

と、思ったのもつかの間。

乗務員は、**おもむろにオレのバックパックを持ち上げ、その下の床を一生懸命汚モップでナメナメ〜ッと汚すと、そこに、完全なるブレンド超汚床と化したその地面に、そのまま再びバックパックを置いた。**

ブクブクブクブクブクブクブクブクブク……（泡吹いて気絶）　オレの、オレのバックパックが……ああ……。

「おーい、そこのにいちゃん！　泡吹いてるにいちゃん！」

「はっ。誰か……誰かが僕を呼んでいる。僕を気にかけてくれる人がいるのだろうか。この欲望渦巻く中国の火車で……」

「1人降りたぞ！　この席空いたから、座れよ！」

「ぐおおおおお（涙）。こんな僕のために、こんな口下手で頼りない委奴国王《わのなのこくおう》のためにすみません〜〜〜（号泣）」

空席ができた近所のおじさんが、わざわざオレを呼んでくれた……。今にも泡を吹きながらヘロヘロと汚床に崩れ落ち、そのまま汚モップでゴミと一緒に掃かれて最後には電車のドアからドバーッと捨てられそうになっていたオレを、1人の中国人のおじさんが救ってくれた……。**ありがとうございます（涙）。あなたは、火車に乗った日中友好の懸け橋です。そして僕はその橋を渡る天使《エンジェル》……。**

深く頭を下げ頭頂部を床の汚物にすりつけながら礼を言い椅子に座ると、硬座とはいえ今まで連結部で立ち尽くし膝をわななかせていた身にとってはなんのその。快適過ぎるくらい快適でありんす（涙）。

徹夜で立ち尽くし疲労困憊《こんぱい》しているので少し寝ようとしたのだが、なんというか、やはり荷物が気になって寝られない。オレのバックパックの領空を、まだまだ中国人乗客の口から吐かれるおぞましい毒液（汚染物質）が右へ左へ**蝶よ花よいくよくるよ**と飛び交っているため、おちおち寝られたものじゃない。

だいたい、全日本プロレス時代の永源遙のたった1人のツバ攻撃ですら観客は傘や新聞紙を持って防御していたのに、それが今は通行人含め無数の中国人から**ツバ機銃掃射**が行われ、それを我がバックパックはヒラリマントも持たずに丸腰の状態で右から左へ受け流し続けているのである。

これはセコンドに就いているオレが寝ている場合ではない。持ち主のオレが心をこめて励まし、あわよくばドスで胸に「闘」の文字を刻んで血まみれになりながら「オレもいつでもおまえと一緒に戦っているんだぞ」という決意を見せてやらなければ**（男塾名物・血闘援）**、バックパックも気持ちが折れてしまうではないか。

ちなみにオレを空いた席に呼び込んでくれた隣の天使のおじさまは、いっさい唾を吐かないお人だ。要するに所かまわずペッペッとやるのは中国全域の常識という訳ではなく、中国人の中でもマナーや道徳をわきまえている人はそんなことはしないのだ。

ただ、悲しいことにそのマナーの良い人の割合はもの凄く少ない。**「プロ野球珍プレー好プレー集」の番組の中で「好プレー」が放送される時間くらい少ない。**結局中国人も珍プレー好プレー集の番組構成と同じで、ほとんどは**珍プレーな人間ばかり**なのである（言い過ぎでしょうか）。

よーし。寝られないのならば、メシを食うぞ。

中国で移動の時に食べるものといえば、何をおいても「方便面」つまりカップラーメンである。中国のカップラーメン、これも稀《まれ》に運が悪いと**ネズミを殺すような劇薬が入っていて食べた人間がバタバタ死ぬという事件があるらしいが(なんでだよ)**、そこに当たらなければ非常に重宝な代物である。

オレも方便面をスーパーで調達し持参していたので、車両備え付けの給湯器で熱湯を入れて来た。

そもそも車両に給湯器がついているだけあって、中国では電車でラーメンというのが定番で、この車両だけでも何十人という乗客が熱湯を汲んでカップラーメンを作っている。急ブレーキが踏まれたら**全員大やけど間違いなし**である。

さて、そろそろ3分間経ちましたね。なにしろついさっき窓の外の石林で怪獣と戦っていたウルトラマンが、胸をピコピコさせて慌てて帰って行ったからね。それじゃあ、いただきま〜す。

あついあつい!! でも、うまいね〜!

「カ〰〰ペッ！　カ〰〰ペッ!!」

…………。

通路を挟んだ反対側の座席のおばちゃんの面々（珍プレー軍団）が、唾を吐きまくっている……。

オエ〰〰ッ（涙）。

ラーメンを食べているオレのすぐ隣の通路の床に、ベチョ～ンとした、**ネッチョ～ンとした、ラーメンを食べながら観察するのには全く適していない粘着質の物体の数々が**……。勘弁してくれよ～。食欲なくなるだろ～～っ（涙）!!

ねえ、ここは本当に孔子が生まれた国ですか??　**2000年経って孔子の末裔《まつえい》であるこの中国の方々の行状はなんだっ!!　君子には程遠い姿じゃないかっ!!　春秋戦国時代よりこの車両の方がずっと乱れているんだよっ!!!**

オレがしばらく乱れる漢民族の惨状を憂いていると、ところが不思議なことが起こった。

車両の通路はとにかくひっきりなしに乗客が行ったり来たりしているのだが、なんと最初は床の上にその形をしっかりとデロンととどめていたおばちゃん産の汚物、その汚物が、通路を500人くらいの中国人が通過した後には、跡形もなく消滅しているのである‼　凄い！　これは中国の気功師による**物体消失の奇術**だろうか⁉　それとも**テレポーテーション**か⁇　**オエ〰〰〰ッッ。**

あっ。

成都に着いた‼
もう汚いことを書くのがイヤになって一気に成都に到着したっっ（涙）!!!

夜中の2時に乗車した中国の火車で、いろいろなものと死闘を繰り広げながら13時間。成都に辿り着いた時、オレの両の眼からは血の涙が流れ、頭髪は心労により全て真っ白くその色を変えていたという。

7　成都

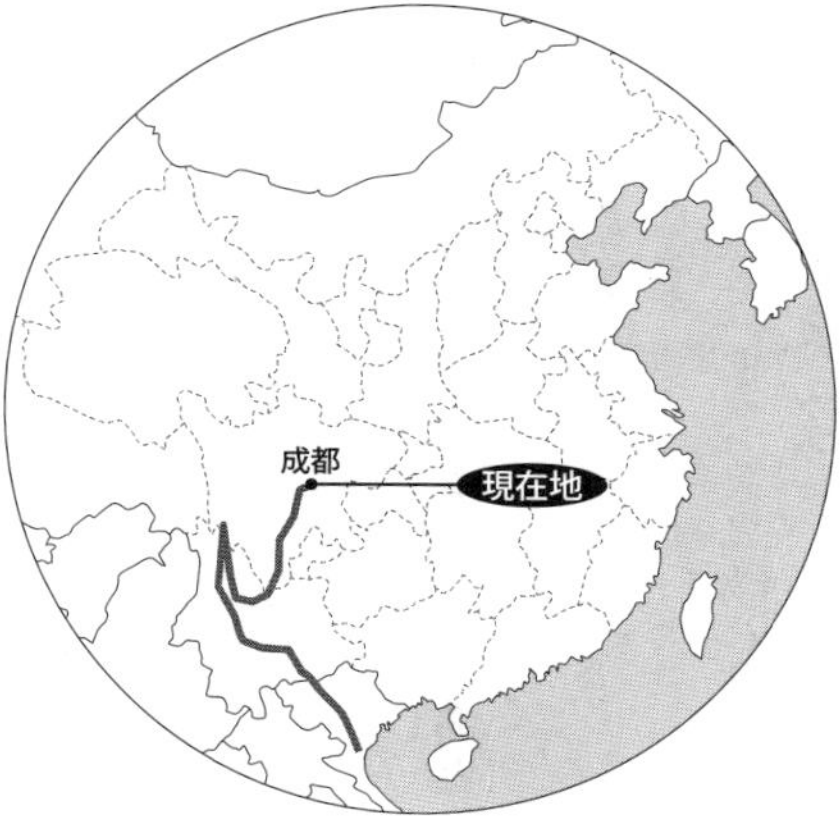

午後2時40分、四川省の省都である大都市・成都に到着。雲南省の香格里拉から成都を目指し出発して5日目。昨日の朝、麗江の宿を出てから約32時間。言っておくが、国の端から端まで移動した訳ではない。隣の省の街に来るだけでどんだけ時間かかってるんだよ……。

それにしても、ここまで広い国を一手に手中に収めようとした始皇帝やヌルハチ（清の初代皇帝）の権力欲は計り知れないよな……。欲深過ぎるんだよあんたらは。

もしオレが皇帝だったら、中国全土なんて滅相もない、せいぜい街のひとつでも貰えればそれで十分だ。後宮にだって、そんな何百人も若い女子を入れなくていいよ。**50人だけでいい。贅沢は言わないよ。50人の美女がいればそれ以上は望まないから。あとは水準以上の衣食住が与えられればそれでいいから。**無欲でしょう?

とか言いながら成都駅から市バスに乗って、旅行者用のゲストハウスへ。

チェックインするとオレはすかさずベッドに抱きつき頬ずりをした。ああ……かわいいベッドちゃん……**会いたかったよ〜〜（涙）**。おお……やわらかい……、**白いっ!! 清潔!! 初々しいい!!! ベッドちゃん大好きだ〜〜っ、ん〜〜むチュッ☆ ベロンベロンベロンッ（舐）!!**

ぐが〜〜〜〜〜〜〜〜〜〜〜〜〜〜〜〜〜〜〜〜（爆睡）。

おはようございます（翌朝）。

あ〰〰ああ〰〰良く寝た。15時間ほど寝た。

もうね、生き返ったって感じだよ。そうだよ、昨日ここに到着した時のオレは死んでたんだよ。だって体中に死斑ができてたもん。口の中から蛆《うじ》が湧いてたもん。食べたけど。

それでは、早速成都の街へ繰り出そうではないか。

この成都は中国でも屈指の大都会で観光地でもあるが、しかしオレが最も行きたかった場所、それは「大熊猫繁殖研究基地《おおくまねこはんしょくけんきゅうきち》」である。

キャ――――!!　キャ――――――（気持ちが高ぶっています）!!!

大熊猫というのは、ジャイアントパンダのことである。

このように大《だい》の大人（しかも男）がキャーキャーと、声だけ聞いた人からは「うるさいなあ。誰だよ外で叫んでる奴。**まったく最近の女子高生は教育がなってないなあ**」と間違えられそうなほどにひときわ甲高く叫んでしまうのも、パンダのせいなら仕方がない。

だってパンダを前にしてキャーキャーと叫ばない人間なんて、この世にはいないだろうから。これを利用して「軍隊の戦闘服は必ずパンダの着ぐるみとする」という国際法でも作れば、前線でもお互いにキャーキャー叫んじゃって骨抜きになるから戦争なんてなくなるよきっと。後楽園ホールで長州力の顔面を蹴撃して解雇された前田日明も、**もしパンダの着ぐるみを着て謝罪していたら長州もキャーキャー叫んで許してくれたと思うよ。**

どこ。パンダちゃんはどこっ⁇　ああ早く会いたいよう。どこ？　どこなのパンダちゃん‼

……っていう文章を、30間近の独身男が書いてると思うと**さすがに気持ち悪いよね。**

しかもこれ、キーボードで打ってるんじゃないんだぜ。「音声認識ソフト」って知ってる？　パソコンにソフトを入れて専用マイクを取り付けると、マイクに向けて喋った言葉が自動的に文字に変換されるんだ。オレは引きこもりの職業病で肩凝りがひどいものだから、原稿を書く時もその認識ソフトを使って、マイクに向かって喋ってるんだよ。

つまりオレは今、部屋で1人でパソコンに向かって**「パンダちゃんはどこ⁇　どこなのパンダちゃん‼」**って話しかけてるんだぜ？　さすがに自分でもふと**「なんかこの部屋に頭のおかしい奴がいるよな⁇」**と思うもん。

よし、真夜中にロリコン言葉を叫び過ぎて隣人に通報されてもまずいので、とりあえず一旦落ち着いて、冷静にパンダを探そうか……。

おっ、いたぞ！　いたいた！　パンダ発見‼　あの遊具の上に‼　おおっっ‼

……………………。

なんか、すごくダレてませんか？

どうしたの？　眠いの？　疲れたの？　営業時間中なのに、随分と客をおちょくった態度を取っているじゃないかキミ。**生意気だぞっ。モノクロ印刷でも表現できる単純な存在のくせしてっ。**

もしかしてキミは休憩中なのかな？　今は業務時間外かい⁇　そうかそれじゃあしょうがない。それならオレが文句を言う筋合いはないよな。許そう、寛大な心を持って。まだ第1パンダだしな。

気を取り直して、次のパンダを見てみよう。

次はきっと業務時間中のパンダね。基本的にサービス業の世界では休憩はローテーションで回すから、1匹目が休憩中なら次のパンダは当然勤務時間なんだよね。オレも長いことサービス業のバイトしてたから、そういうの良くわかってるんだよ。ロイヤルホスト御器所《ごきそ》店でランチから深夜まで働いてたんだから。「ライスとパンはどちらになさいますか？」とか聞いてたんだから。「オレはライス」**「じゃあオレはパンダ」なんつって。**

おおっ！　あの遊具の上にっ‼　おおっっ‼

っていうか、

やる気ねえなコラッッ!!!!

イヤ。そんなのいやです。

おい、こっち向けって！　ちゃんと仕事しないかっ‼　**こっちは入場の時に高いパンダ見学料払ってるんだぞっ!!!**

なんでこんなに適当なんだいこいつらは。ちょっと可愛くてチヤホヤされるからって、調子に乗ってるんじゃないかおいっ。**可愛けりゃ何やっても許されると思ってるのかおまえら‼　たしかに世の中大抵のことは可愛けりゃ許されて可愛くなけりゃ許されず、可愛くない方は永遠に損するようにできてるけどそれでも可愛くてもダメなことだって探せばごく稀にはあるんだぞっ!!!**

まさか、勤務時間中に寝まくることも、可愛いから許されると思ってるのか？　おいコラ。パンダ。そっちがその気ならなあ、そんな態度が許されるのか許されないのか、**白黒ハッキリさせてやろうかテメエっっ!!!**

…………。

あっ。

もう白黒ハッキリしてる!!!　オレが手を下さずとも、生まれつき白黒ハッキリしてるこいつらっっ!!!

そりゃあねえ、毎日こんなに見物客が押し掛けてプライベートを覗かれて、いい気はしないのはわかるよ。でも、**そういう仕事でしょ？　それをわかっててこの仕事を選んだわけでしょあなたたち⁇**

誰だって、やりたいことだけをやって生きてるわけじゃないんだよ。今は大御所で自由に仕事を選べるような人だって、下積み時代には嫌な営業も引き受けて歯を食いしばって頑張っていたんだ。あの北島サブちゃんだって、演歌歌手としてデビューする前は「ゲルピンちん太ぽん太」というコンビ名で漫才師としてステージに上がってたんだよ？　でも、それがあるから、今があるんだよ。そういうもんなんだよ仕事っていうのは。

だいたい、オレはニュースで見たぞ。昔、ここに江沢民とか政府要人が来た時は、おまえらすごく愛嬌を振りまいてたじゃないか。偉い人間が相手だとやる気を出すくせに、オレみたいな貧乏バックパッカーが客の時は手を抜くのか？　それはプロのやることじゃないよなっ！　そういうの嫌いだぞオレは！

あっ！

今度のパンダは起きてるぞ！　やっと起床中のパンダが見られる‼　おおっ！

おっ……。

おおっ!!　**おおっっ!!!**

起きてるけど、なんか哀愁が漂ってるよね……。人間ぽいよなんか。もっとこう、キャーキャー叫ぶような可愛さを期待してたんだけど、**背中が寂しいじゃんなんか??** 全体的に活気がないんだよここのパンダたち。**プロ野球のシーズンで言ったらストーブリーグくらいの活気のなささなんだよ。**

だいいち肝心のパンダの顔がさっきから全然見えてないんだよね。後ろ姿ばっかりでさ。寝てる時だって必ず向こう向いてるし。

わかった。世間に背を向けて生きているんだねあなたたちは。心を閉ざしてしまったんだね。可哀相に……、ひょっとしてご両親の愛情が足りなかったのかしら。

ニーハオ！

ニーハオパンダさん!!　どうもはじめまして！　ヨロシクネ――ッッッ（両腕を斜め下に振りながら）!!!

やっと正面パンダがいたぞ！

じっくり見てみるとなかなか目つきも爪も鋭いけど、でもやっぱり間違いなく可愛いぞ。

キャ――キャ――!!　メロメロメロ――♡♡♡

なんでだろう。

不思議じゃないか。なんでこのものたちはこんなに白黒なんだろうか。**暇な時に赤ん坊を並べてオセロで遊べるようにこんなにわかりやすく白黒になっているんだろうか。**そして、忘れているかもしれないが**音声認識で**

文章を入力してるんだぜこれ。いい年した男が、部屋で1人でマイクに向かってキャーキャーメロメロ言ってるんだぜ。

でも、最初の2匹と違ってこのパンダは一生懸命仕事してるよな。他の奴らがだらけている分、この子は寝る間も惜しんでお客さんにサービスしているんだろう。だって、**あんなに目の周りに黒いクマができてるじゃないか。もう3日は寝てないぜこの子。**

それに比べて昼間から爆睡してた1匹目と2匹目、あいつら無理矢理ひっくり返してこっちを向かせたら、もう健康すぎて目の周りが真っ白になってるんじゃないか？　人前に出る時は、マジックで黒く塗ってから登場するようにしてるんだぜきっと。

それにしても、両手で丁寧に笹の葉を摑《つか》んでぼりぼりかじる姿は、かなりの勢いで人間ぽい。

これもしかしたら、**中に中国人が入ってるんじゃないだろうな??**　観光収入のためにパンダ役にパンダとは似ても似つかぬ人民が動員されているのでは……。中国ならやりかねない気がする。

ちなみに観光収入といえば、ここには世界各国からの観光客が集まり、日本の団体ツアーの方々もたくさんいらしているのだが、パンダと並んで2ショット記念写真を撮るには1枚400元（5000円程度）を払わなければいけないそうだ。

しかも5000円といっても、宿の前の食堂で青椒肉絲定食が4元（50円）で食べられるこちらの物価を考えると、実質5万円と言っても大げさではない金額である。

オレことさくら剛だって時々イベントなどで読者のみなさんと2ショット写真を撮らせていただくことがあるけど、**何枚撮っても完全無料だぞ。**しかも、完全無料にもかかわらず成都のパンダと比べて**圧倒的に集客で負けている（涙）**。どういうことだ。可愛さではいい勝負だと思っていたのに。

たしかに写真1枚で5万円も稼ぐんならば、パンダらが天狗になってだらけてしまうのもわからないでもない。もちろん多くの金を生む存在であればあるほど周りの人間も次第にイエスマンばかりになり、彼ら（パンダら）に耳の痛い忠告をできる気概のあるスタッフはいなくなってしまったのだろう。

しかも、パンダの場合は図に乗って寝てばかりいてブクブク太っても、ますます可愛くなってキャーキャー言われるのだからこれはもう手が付けられない。

基地内はまだまだ広く、続いて他のパンダメンバーたちを見に行くのだがやはりシャキっとしていたのはさっきのだけで、とにかく敷地全域にまったりとした**アンニュイな空気**が漂っている。

上の彼は一応こっちを向いているが、寝転んで銘菓をほお張りながら客に対応するというこのふざけた態度。もしこのパンダ基地をプロデュースしているのが井筒監督だったら鉄拳制裁だぞおまえ。

ところで、ここはパンダ繁殖研究基地、中国語では大熊猫繁殖研究基地であるが、大熊猫に対してちゃんと小熊猫もいる。

小熊猫というのは何かというと、レッサーパンダである。

パンダとは似ても似つかぬのにセットにされている小熊猫、レッサーパンダ。

最近日本ではレッサーパンダもずいぶん注目を浴びているが、中国ではまだまだ小熊猫というだけあって大熊猫と比べると稼ぎは少ない。なにしろ、ジャイアントパンダと記念撮影は４００元なのに対して、レッサーパンダと記念撮影はたったの50元なのだ。完全に差別化されている。レッサーの方は**薄利多売方式**だ。

本人たちもそのあたりはちゃんと理解しているようで、大熊猫より稼ぎが少ない分、レッサーパンダはサボったりだらけたりせず観光客にしっかり愛嬌を振りまいている。感心なことじゃあないか。

オレは思うのだが、「ジャイアントパンダは大熊猫だから400元、レッサーパンダは小熊猫だから50元」と枠にはめてしまうのではなく、ある程度名前に**フレキシビリティ**を持たせた方がいいのではないだろうか？　この大きな差のある値段設定が、大熊猫であるジャイアントパンダをつけ上がらせる原因になっていると思うのだ。

例えば、1カ月に観光客と撮った記念写真の数を競わせて、**勝った方が大熊猫、負けた方が小熊猫**になるという**入れ替え制**を導入すれば、危機感が出ることによりジャイアントパンダの野郎共ももっと早起きして一生懸命働くようになるのではないだろうか？

がんばれレッサーパンダ‼　今こそ団結して、権力に

あぐらをかいているジャイアントパンダを大熊猫の座から追い落とす時だ‼　族パンダによる癒着と利権構造を追及し、熊猫界の政権交代を実現させるんだ!!!

まあとにかく、まとめると大熊猫も小熊猫も、寝ていようが起きていようが可愛いものは可愛いのであった。あっちはあっちで、オレのことを見て「可愛いなあ」と思っていたようだけど。

いやあ可愛かったなあ。**キャーーキャーー!!!　いや〜んっ♡♡♡♡♡**

成都の大熊猫繁殖研究基地で、日本から来た極貧な軟弱男が大熊猫だ小熊猫だとキャーキャー叫んでいるその時、一方地球の裏側マンハッタンのウォール街では、同い年の新進気鋭の投資家が世界中のアナリストと交流し情報を解析し、億単位の金を自在に動かしているのであった（なんだそりゃ）。

8　中国ねっちょり4000年の歴史の謎

成都では、やる気のないパンダに苦言を呈したり三国志の史跡を訪れたり、宿で休んだり宿でネットを見たり、宿でマンガを読んだり宿でお菓子を食べたりと、ひときわ充実した毎日を送ることができた。

やっぱりパンダの印象はひときわ強かったな……。

あの、人の目も気にせず寝てばかりいるナメくさった態度。陽も高いうちから笹をかじりつつ一日中ゴロゴロし倒すという、オレが一番嫌いな怠け者の姿。まったく思い出すだけでも腹立たしい。若いうちから一日中ゴロゴロぐーたらするような、ああいう輩《やから》がいると子どもの教育上も良くないんだよ。ビシビシしつけて、**生活態度を改めさせろってんだ。**

オレは成都到着後数日は精力的に観光に出かけていたのだが、宿泊していたゲストハウスは外国人旅行者向けであまりにも居心地が良く、次第に宿から動かなくなった。

食事時だけ外出するがたらふく食べるとすぐに部屋に帰ってルームメイトの目も気にせずベッドに横になり、陽も高いうちからチョコチップクッキーをかじりつつ一日中ゴロゴロし倒すという、オレが一番好きなぐーたら生活を堪能していた。

……なんだよ。別に、**ゴロゴロしようが何しようがオレの勝手だろっ。人の生活態度にいちいち口出しするなよっっ!!!**

しかし、堪能はしていたがなかなかどうして従業員のおねえさんが部屋に掃除に来るたびにゴロゴロスタイルで顔を合わせるのが辛く、あちらからも「この日本人、毎日昼間から何やってるのよ。あまりにも掃除の邪魔だわ。今夜あたり死んでくれないかしら」という**ジャパンバッシング的な威圧感**を次第に感じるようになった。

よって、オレは約10日間を成都で過ごしたところで「そろそろ出ようかな」と思ったがオレが決めるより先に宿の人から「あなたのベッドは、明日から予約が入っているからチェックアウトしてちょうだい」と**ドミトリー（大部屋）のベッド指定予約などできるわけがないのにもかかわらず通告され**、オレが仕方なく「うむ」と返事をする前に**うむを言わさず追い出された**。いや〜〜。ひどい（涙）。

ということで汽車站から再び長距離バスに乗り込み、高速道路を一路東へ向かう。またいくつもの都市を経由することになるが、次の大きな目的地は、香港である。これから再び日数を重ねて東南へ進み、いよいよ香港へ渡ったら思う存分香港ディズニーランドで遊ぶのだ。

本物のディズニーランドだぞ。決して北京あたりにあった**ニセモノテーマパーク**の方じゃないぞ。高校の文化祭でも不採用になりそうな完成度の低いミッキーやドナルドに、なぜかドラえもんやキティちゃんのハリボテも混じっている、「ここは夢の国なんだ。だから、肌の色の違いも、貧富の差も、**著作権も、全て関係ないのさ！**」と主張しているあっちの安っぽいパクリテーマパークの方じゃないぞ。

だいたい、そっちのテーマパークはテーマパークのくせに**何がテーマなのか全然わからないから**。キャラクターも世界観も全然統一されてないし。もしかして中国らしさを前面に出した、**「海賊版」をテーマにしたテーマパークなんじゃあるまいな??**

だいたい、ミッキーとドラえもんを一緒のところに入れちゃダメだろう。仮にもミッキーはマウスなんだから。きっとドラえもん、ミッキーを見たら発狂してポケットから**レーザー銃とか地球破壊爆弾とか**出すぞ??　ネズミを見たら正気でいられないんだからあの子は。危なくてたまったもんじゃないよね。

……でもまあオレは中国を心底愛しているので今書いたような失礼なことは**全く思ってもいなくて**、何事もなかったかのように高速道路を走り5時間で着いたのは、中国政府の直轄市・重慶だ。

ところで中国で都市間を移動する時の選択肢は一般的には2つ、火車と汽車すなわち電車とバスであるが、オレはもう中国では一切電車は使用しないことに決めた。

その理由は、先日の無座騒ぎを見てもらえればわかるだろう。なにしろ電車では、**オレ**

のバックパックがあらゆる方向からのツバ攻撃に晒《さら》されるんだよっっ!!!　直撃は免れても、乗務員の「モップで拡散・ベチョーン絨毯《じゅうたん》爆撃」は避けようがないんだよっっ!!　バカっ(涙)!!!

とにかく私《わたくし》は自分の荷物が汚されるのが我慢ならないのです。

なお、長距離バスの場合は座席の下というかバスの側面に荷物を収納するトランクルームがあるので、乗客と荷物は完全に隔離され、何の憂いもないのである。**あ〜〜〜っはっは!!　どうだ!　これならばオレの荷物を汚そうとしても手も足も出まい!!　そう簡単にオレの所持品をネチョられて(新しい日本語)たまるかよっっ!!!**

さて、重慶のターミナルでバスを降りると、早速オレは荷物収納部前に礼儀正しく並んで乗務員がバックパックを出してくれるのを待っていた。先頭で乗車したオレの荷物は、一番奥に入っているため出て来るのは最後だ。

おっ。よしよし。来たぞ。

あ、あれっ？

……………………。

ぎょわ〜〜〜〜っっっっっ（号泣）!!!!!!

荷物を持った乗客が思い思いに散って行く中、最後の最後に出て来たオレのバックパック、一応２０００円もする専用のカバーで覆っているのだがそのバックパックカバーには、なんだか**粘り気のある謎の緑色の液体**が、爆発したスライムのように広範囲に亘《わた》って**ねっちょ〜ニチャぐちょ〜〜〜ん**とだらしなく淫らにへばり付いていた。

なんじゃこりゃ……。

正体は不明だが、おそらくは上に積まれていた他の客の積荷から漏れた何らかの液体なのだろう。

おい〜〜〜っ（涙）、バスで何を運んでんだよおまえ……。**気持ち悪い液体は長距離バスに乗せて移動させるんじゃねえよっ!!! なんで中国ではどこまで行ってもキモ液体から逃げ切れないんだよっっ!! イヤ〜〜〜〜っ（涙）!! オエ〜〜〜〜〜ッ（号泣）!!!**

とりあえず拭《ふ》かなきゃどうしようもないだろこれ……。ううっ、気持ち悪い……（涙）。

オレはマイトイレットペーパーを取り出し大きく丸め、バックパックカバーを覆う粘着汚《ねんちゃくお》物《ぶつ》（遊星からの物体ねっちょり）を**ネチョ〜ン、ネチョチョ〜ン、**と拭《ぬぐ》った。なんとか滴らないくらいにまで平坦化すると、ねちょねちょバックパック（ネチョパック）を背中に担いで、オレはねちょねちょバックパッカーすなわちネチョパッカーに相応《ふさわ》しい安くて古ぼけた招待所に、ねっちょんにゅっちょんとチェックイン（ネチョネチョチェックイン）した。

よーし、こうなったら気分転換にチャーハンを食べよう!! 嫌なことなんて忘れてさ！

すかさず近くの庶民的食堂に飛び込みカモンチャーハンチャーハン!!

ああ美味しい。これは回鍋肉とチャーハンが合体した、その名も回鍋肉炒飯というものだ。

これだけ味わい深いチャーハンを食べれば、さっきの緑色の大盤振る舞いねちょねちょ汚物のことなんてすっかり忘れちゃうよ。バックパックカバーを覆うぬっちゃんぬっちゃんのドロドロした、**体液にも似た汚物というかヘドロ風の粘り気のある吐き気を誘発する物体のことなんて、思い出しもしないよ。オエ〜〜〜〜〜ッ（号泣）!!!** ↑思い出した

というわけで、ねちょねちょした思い出はここ重慶に置いて、いきなり先に進もう。

重慶は「国家中心都市」という位置づけがされるくらいの大都市であるのだが、観光地ではないため成都と違い旅行者にとっての見所はほ

とんどない。よってオレもデジカメを盗まれて警察に行き盗難証明書を発行してもらった以外にはやることがなく(号泣)、盗難のショックで発熱しながらもすぐに移動することにした。

この先は今までと同じようにバスで移動することもできるが、なんといっても重慶には世界で3番目の長さを誇る大河が流れている。それこそが!! 長江だ。長江といっても、元イモ欽トリオの長江健次とは関係ない。

重慶から先の長江は3つの大きな峡谷を通っており、それを船で通過する「三峡下り」というツアーがここから頻繁に出ている。よってオレもツアーこそ参加しないが、バスではなく港から夜行フェリーに乗り込み、途中下船しながら長江を下ることにした。

なお、一般観光客の乗る豪華フェリーは快適だろうが、予算の都合上オレの選んだ船はあくまでも中国人が純粋に移動のために使う定期船である。客室は薄暗く狭く暑く汗臭く、アウトローでいかがわしい雰囲気が感じられてならない。

だいたい、ツアー用の豪華フェリーとこの船を比べたら、船自体の建造費と乗客の資産を全て合計した時価総額は1万倍は違うと思われる。もしこの船と観光客の乗ったフェリーが同時に水難事故で沈み始め、時間的に両方を助ける余裕はない！　残念だがどちらかは犠牲にするしかない！　という状況になったら、**人の命の重さに差なんてないとはいえ**、それでもレスキュー隊は**一切迷わずに豪華フェリーの方を助けるであろう。**

まあオレの場合は日本人であるし多少の持ち合わせもあるので、もしもの時には**「どかんかい貴様らっ‼　その浮き輪はワシのもんじゃっ!!!　おのれら金が欲しいんじゃろっ‼　こんなもんいくらでもくれてやるがなっっ‼　ほれ、拾え！　拾わんかい!!!」**と100元札をバラ撒《ま》きながらひとつしかない浮き輪を奪い取り、周りの乗客を蹴落として自分だけ助かろうとするだろう。そして救助されたはいいがすぐに人民法院に引っぱり出されて、**即日死刑判決を受けはりつけにされ、他の乗客の遺族から石を投げられて「いたいいたい（号泣）！」と泣き叫びながら息絶えることだろう。**

バスでなら5時間で到着する次の町まで、地元の方々と一緒に船で下ったら23時間かかった。しかも夜の出発のためせっかくの三峡の絶景は全く見えず、船室の居心地の悪さで夜寝られなかったオレは朝方明るくなると同時に力つきて寝てしまい、**目が覚めた時にはまた夜になっており絶景は全く見られなかった。**う〜む。**とんだ誤算だ。**

その夜に到着した第1の経由地の町・雲陽《うんよう》では、土地勘がないため同じく下船した他のおじさま方にこっそりついて行き、そのまま港近くの格安の招待所に筆談交渉ののちチェックイン。

もう外に出る時間でもないため、とりあえず2日分の汗を流そうとオレは共同シャワールームへ向かった。

シャワー室のドアを開けると広い脱衣場があり、奥からは水の流れる音と何人かの話し声が聞こえる。ほほう。安宿なのになかなか広々としていいじゃないか。

オレは1枚1枚はらりひらりと衣を脱ぎ捨て、生まれたままの姿になると、しずしずと照れながらしかし一方で大胆に全裸の人民たちが待つシャワー室へ歩を進めた。

おおっ……。

するとそのだだっ広く薄暗いコンクリートに囲まれた空間では、天井から**ひとつだけ中央にぶらさがったシャワーというよりただの蛇口**からボタボタとお湯が流れ、そのお湯を**2人のたくましい裸体のおじさんが交互に浴びて体を洗っていた。**

なんじゃいこりゃ……。

なんでこんな広いシャワールームに蛇口がひとつだけなんだ……。で、オレはどうすればいいんだよ。2人が出るまで待ってなきゃいけないの？

「おお、おまえ新入りか！　さあ入れ。浴びていいぞ！」

「そ、そんなに大きな声出さなくても聞こえますっ。それじゃあ、お言葉に甘えて失礼します……」

オレに気付いたおじさん2人は、一時的に蛇口から離れるとオレをお湯の下に招き入れてくれた。たくましく隆々とした筋肉を持つ2人の全裸（全身裸体）さんに囲まれ、おそるおそる洗髪に臨むモヤシっ子のオレ（ラタイ・ラマ）。

「おおいちょっと1人で占領しすぎじゃないか？　髪を濡らしてシャンプーをつけたらいったん外に出てオレたちに譲るもんだ。ほら、次の順番まで頭を洗いながら待て」

「あっ、失礼しました。まだこの仕組みに慣れていないものですからつい……」

「いいっていいって。……よっしゃ、次はおめー入れや。そろそろ股間を洗うだろう？」

「おうよ。じゃあ邪魔するぜ」

「…………」

よくわからないが、学校の教室くらいありそうなだだっ広いシャワールームで、なぜかオレたち全裸の3人は中央にこぢんまりと集い、たったひとつのしかも一直線にしか出て来ない湯を囲んで入れ代わり立ち代わりローテーションを組んで浴びたり退がったりめまぐるしく変化している。…………。なんなんだこの間抜けな光景は。

でもまあたった3人なら、ローテーションの難易度はさほどでもないんじゃない？　なんて素人はついつい思いがちだが、ここは気を緩めてはならないのだ。万が一ダイヤの乱れが生じ、**全裸の2人が同時に一歩進んで湯を浴びようとしてしまったら、その裸体接触事故の被害は計り知れないものになる。**うまくそこで自制し冷静な自分に戻れればよいが、もしも興奮のうねりに翻弄《ほんろう》されるようなことになってしまったら、下手をすると**人生からの脱線事故**にも繋がりかねない。

……………。

あのさあ。

シャワールームを広くするならさあ、シャワー自体の数も増やそうよ。

どうしてもシャワーの蛇口をひとつだけにしたいなら、シャワールームを狭くして**1人用にしてくれ。**こんな、中国人のおっさんと楽しむ**全裸マイムマイムみたいなイベント**は、いくら変態とはいえオレの趣味じゃないぞっ。

まあそれでも、気持ちの上では全くスッキリしないがなんとか洗い終えて体はスッキリした。早々に退散しよう。

シャワーを浴びている間貴重品や着替えはどこに置いていたかというと、まとめて持参のレジ袋に入れてシャワー室のドアノブに掛けてある。更衣室には備え付けの椅子があるためそこに置いてもいいのだが、なにしろ貴重品も一緒なために目を離すのは不安だ。その点入り口のドアノブに引っ掛けておけば、常に視界に入っているため安心なのである。

ところが、なにやら今日のシャワー室の年季の入ったドアノブは何物かによって汚染されていたらしく、レジ袋を持ってみると、ドアノブと接触していた手提げの部分に**赤茶黒《あかちゃぐろ》の謎のねちょ〜んとした、**正体は不明だが不潔だということだけはよくわかる半固体、半液体なうねうね物質が付着しており、**それがそのままうね〜〜っとオレの手に付いた。**

…………。

もうイヤだ……。**いろいろなものが台無しだっ（涙）。汚い〜〜〜ぎだない〜〜〜っっっ（号泣）!!!**

……このように辺境のシャワー室で粉骨砕身しているオレを見たら、「そこまでしなくても、別に2日や3日体を洗わなくてもいいじゃない？」と小首をかしげる読者の方もいらっしゃるだろうが、しかしそうもいかないのである。

ここまでの展開でわかるように、中国で貧乏旅行をしていると日常的にねっちょりぬっちょりなことが多すぎるため、自分の体をネチョネチョな世界から救うためにそこまでしてでもシャワーを浴びないとどうしようもないのだ。

中国大陸での低予算の旅というのは、言い換えれば**無限のネチョーン地獄**である。新婚旅行のカップルならば豪華ホテルに泊まり何不自由ないカラッと乾いたハネムーンが過ごせるだろうが、新婚旅行ではなく**貧困旅行**のオレは、ひたすら大陸が放つネチョネチョの海で泳ぎ続けるしかないのである。中国が全体的にこんなにネチョンとしているんなら、**黄砂もそのねちょねちょで吸収してくれよ。そうすれば日本まで飛ばないで済むだろっ。**

さて、新登場キャラクターのネチョネチョ鬼に追い回される恐ろしい悪夢にうなされながら眠りにつき、翌朝7時。オレはチェックアウトを前に、今度は共同トイレの洗面台で歯を磨いていた。

共同ではあるが、ここのトイレは安宿としては珍しい個室である。やっぱり、トイレは個室だよね。**人間、壁もドアもあって、初めて落ち着いて用が足せるもんだよねっ。**

今オレが歯磨き中の洗面台の後ろには男用と女用の個室がひとつずつ並んでおり、鏡越しに背後の様子が見える。男用の個室はドアが閉まっているので、おそらく使用中なのだろう。

このトイレ前の流しで歯磨きをしてもキレイになるのかますます汚れるのかよくわからないため、早く終わらせようとハドソン製の「シュウォッチ」で鍛えた連射技術を使い上の歯と下の歯を1秒間に16往復するターボ歯磨きを発動していると、おじさん宿泊客が1人洗面所に入って来た。そして、鏡越しに見ているとそのおじさんは、**突然ノックもせずに男用**

個室のドアをガバッと開けた。

ところがもちろん中には先客がおり、オレは中でズボンを下ろしてふんばり中の別のおじさんと鏡越しでバッチリ目が合った。

おおおいっっっっっっっっっ!!!

な、なんという決定的瞬間。**見てはいけないものを見てしまった……。**

だいたい、ここの個室は鍵がないのか？　それとも先客のおじさんが鍵をかけ忘れたのだろうか??

どちらにしろ、これは恥ずかしいハプニングである。開けられた方もショックだろうが、開けちゃった方のおじさんもかなり気まずい思いをしていることだろう。**そしてその場面をモロに目撃したオレもものすごく気まずい（涙）。**しかも汚い……。いやだ、**こんなところで歯を磨くのはイヤだ〜〜〜っ!!!　この歯ブラシももう使いたくない〜〜っっ!!!**

ということで、でもドアを開けた方のおじさんが中の人に必死で謝る姿も見てみたいな、なかなか中国人が平身低頭に謝罪する場面は珍しいからな、と次の展開に注目していると、おじさんは特に謝るでも逃げるでもなく、**そのまま先客おっさんのいる個室の中に入って行ってドアを閉めた。**

オレは、歯を磨く手が止まり目が点になった。

ちょっと待てええっっっ!!!!
なんだっ!!　いったいどういうことだっ!!!　これから何事が個室の中で繰り広げられようというんだっ!!!

み、見知らぬ2人のおじさんが朝っぱらから、ひとつのトイレの個室の中に…………**片方は既に下半身を丸出しにしているというのに…………。**

い、いかん。**逃げよう。**ここでモタモタしていたら、もう一度ドアが開いて今度はオレも中に引きずり込まれるかもしれない。そうしたらひとつのトイレの個室で3人の男が……**下半身を丸出しにして……、いやあああぁ〜〜〜〜〜〜〜〜〜〜〜〜〜〜〜っっっ（号泣）!!!**

オレはあまりの恐ろしさに歯ブラシも歯磨き粉も放り出して自分の部屋に駆け戻った。

ちょっと、心を落ち着けよう。ダメだ。中国に翻弄されて自分を見失ってはダメだ。忘れよう。さっき見たことは忘れるんだ。そして、**今あの個室で何が起こっているのかということも考えてはいかん。**決して想像してはいかん。そうでないと、**自分の心がやられるぞっ!!!**

そのまま気を紛らわせ荷作りなどをし、過ぎること30分。

よ、よし、そろそろいいだろう。なんだかんだいって気になるからな。ちょ、ちょっと様子を見に行ってみるか……。そもそも、オレもトイレ使いたいし。

オレは、再び共同トイレに向かった。あそこは他のお客さんも来るところだし、きっと彼らは**さっさと済ませているはずだよ。30分もあればプレイには十分なはずだよ。**もういなくなっているさ。今頃2人は部屋に移動して**第2ラウンド**なはずさ。

戻ってみると、やはり個室のドアは開いており既に人の気配はなかった。ああよかった……。安心したオレは、よせばいいのに恐る恐る歩を進め、首をひょっこりのぞかせて男用個室の中の様子を窺《うかが》ってみた。

すると……

個室の中に、**便器が2つ。**

なんということだあああっっっ!!!　そ、そういうことだったのかっっ!!　これは、ツインの個室だったのだ!!!

そうだ。

個室の中に便器はひとつしかないはずだというのは頭が堅いオレの思い込み、ホテルの部屋にシングルとツインがあるように、**トイレの個室にだってツインがあって当たり前なんだよ!!!　いつからオレはそういう柔軟な発想ができなくなってしまったんだろう!!　子どもの頃から多湖輝教授の「頭の体操」シリーズを読んで柔らかい頭を保っているつもりだったのにっ!!!**

そうか……。

あの時おじさんは、使用中の個室に侵入して排泄プレイをしようとしていたわけではなかったんだ。**ただ、隣に並んで自分も用を足そうとしていただけだったんだ。**

………深い。中国4000年の歴史は、オレなどのちっぽけな常識ではとうてい及びもつかないほど深い。きっとこの2つの便器は、**片方は「蒼き狼」、そしてもう片方は「白き牝鹿」と名付けられ、広く宿泊客から恐れられているのであろう。**

しかしオレは、このトイレを設計した人間にどうしてもひとことだけ言いたい。

なんのための個室なんだよっ!!!

ああ中国というのは、なんて奥深い国なのだろう(号泣)。

9　苦しみの珠海

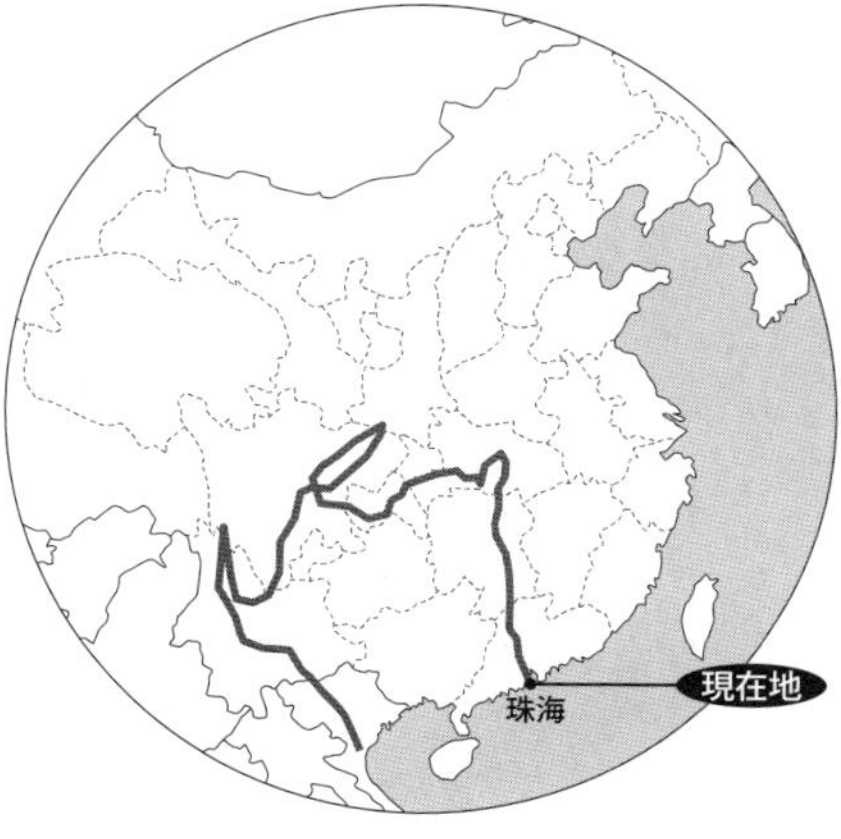

もうさあ、なんなのツインのトイレって？　ねえ、なんで1つの個室に2つの便器が入ってるわけ??　おかしいだろ2つなんて!!　**ひとりっ子政策に違反してるじゃないかよっ!!!**

だがしかしオレだってトイレに行かないわけにはいかないので、人がいない時を見計らって人生初のツインルームの便所にトライしてみたのだが、とにかくその最中は「誰か入って来たらどうしよう」という恐怖で気が気ではなかった。

大の男が（大をしている大の男が）密室の中で並んで連れションならぬ連れ便をなんていうのもおぞましいが、**逆に隣に来たおっさんに立ちションでもされてみろ。**

女性にはわからないかもしれないが、立ちションの勢いというのは座りションに比べてあまりにも強すぎるのだ。どのくらい強すぎるかというと、ファミコン創成期に発売された**「キン肉マン　マッスルタッグマッチ」でのブロッケンJr.くらいあまりにも強すぎるのだ。**だから、ほとんどの地域のローカルルールではブロッケンJr.は**使用禁止**になっているように、ツインルームのトイレでもルールとして立ちションは禁止すべきなのだ。

まあわざわざファミコンにたとえなくとも想像すれば簡単にわかるだろうが（じゃあたとえるなよ）、もしもオレがしゃがんでいるすぐ横の便器に勢い良くピチャピチャーッとおっさん立ちションが噴出されれば、当然**跳ね返りの飛沫《しぶき》**をことごとくオレも受け止めることになる。

なにしろ跳ね返りの飛沫というのは、元々尿だから汚いのは当然としても、その跳ね返るプロセスの中でさらに便器や床からも様々な汚物を吸収して飛んで来るため、**元の状態よりもさらに輪を掛けて汚くなっている**のだ。これまさに、**青は藍より出でて藍より青しである。**

たとえ自分のお小水だとしても便器の汚物を含んでの跳ね返り襲来は全くごめんこうむりたいのに（跳ね返らず直接かかるんなら自分のオシッコであれば全然いいよ）、ましてや**見知らぬおじさんの跳ね返り**をピシャピシャと浴びた日には、あまりの衝撃にパニックになり体を洗おうと下半身丸出しのまま港まで走り長江に飛び込み、川の中で全身をさすっているところを三峡下りのフェリーに通りかかられてツアー客に裸体写真を思う存分撮られブログに掲載されることだろう。

ともかく1人でふんばり中に廊下を歩く足音が迫って来ると、ただただ恐怖で「頼む、入って来ないでくれ!!」と祈るばかりであった。ちくしょう……、**何が「朋あり遠方より来**《きた》**る、また楽しからずや」だよ!!　ウソばっかつくなっ!!!　全然楽しくないだろうがっっ!!　これからは「朋あり遠方より来る、また恐ろしからずや」に書き換えろっっ!!!**

……というように、章が変わってもしつこく文句を言ってしまうくらい、なにかとツインのトイレの思い出は尽きないのでございました。

でも、だからといって、いつまでもツイントイレに甘えているわけにもいきません。**名残惜しいけれど、僕らはそれぞれの生活に戻らなければいけません。**

ということで宿をチェックアウトするとオレはまた一晩かけて定期船で長江を下り、不気味な共同シャワーと共同トイレの風景だけを心に刻んでオレの三峡下りの旅は終了した（これが「新・三峡下り」）。

さて、三峡を越えて終点の町からまたいくつかの都市を経由し、定例の激しい下痢にもなりながら最終的に長距離バスで勢い良く南下して東南の大都市、経済特区・珠海《じゅかい》までやって来た。

荊州という町から、バスに乗り続けること18時間**（ほんとにいちいち長いんだよっ!!!）**。寝台の移動では全く寝られないオレは、もう疲労感で朝から死にそうである。中国語で言うと、朝辛子尼僧出歩。

キヤノンの工場などもある工業都市・珠海には観光客やバックパッカーは重慶以上に何の用もないのであるが、この街には、オレが世界一好きな映画「少林サッカー」の、決勝戦の舞台となった珠海サッカースタジアムがあるのだ。そのスタジアムをひと目見るために、オレはここへやって来たのである。

今日ばかりは、悪いけど純粋に観光だけに集中させて欲しい。いつもは観光なんかより現地の子どもたち（未来の宝物）と一緒にはしゃぎ回り、泥だらけになってひとつのボールを追いかけることを何よりの楽しみにしているオレだけど、**いつだって朋友に囲まれて明るい笑い声を響かせているオレだけど、**でも今日だけは、誰とも喋らず1人で大人しく観光をさせて欲しい。オレの最初で最後のわがままを許して欲しい。

といっても、その前にまずは宿を探さなくちゃ！　泊まるところを確保してから出かけようね。よしよし、ちょうど汽車站の隣に招待所があるぞ。

「ニーハオ。今夜の部屋を探してるんですけど。泊まれますか？」

「ニーヤオツェンマファーチェン？　ニーライナーリニーチュイナーリニーチューチャーチョー⁇」

「ちょっと何言ってるのかわかんないです（サンドウィッチマン風）」

「ニーヤオツェンマファーチェンニーチューチャーチョー⁇」

「あのすいません、僕、中国語ほとんど聞き取れないんですけど……もっと感覚的にわかるように話してくれませんか……」

「アー――⁇　ニーナーリライラ（おまえどこのもんだ？）？」

「僕はリーベンレン（日本人）でーす♪」

「リーベンレン？　**メイヨー!!　ファンチェンメイヨーー（部屋はないねっ）!!!**」

「ええっ!!　そ、そうなの？　なんか日本人って言った途端態度が変わったように見えるんだけど……。気のせいかな。まあ、ないんなら仕方ないですね。他を探してみます」

どうも納得がいかなかったが、とりあえず受付のおばさまがないと言うのならないのだろう。

諦めて外に出て街を歩いてみると、他にも招待所、旅社、酒店などの宿泊施設が幾つも見つかった。たくさんあるじゃない。**やるじゃない。**さっさと次をあたってみよう。

「おこんにちは〜〜。ニーハオ。部屋はありますか？」

「ヨウ」

「よかった!!　じゃあ1泊させてください」

「ニーヤオツェンマファーチェンニーチューチャーチョー⁇」

「ちょっと何言ってるのかわかんないです（サンドウィッチマン風）」

「アー⁇　ニーナーリライラ？」

「日本人ですが……」

「アーー⁉　リーベンレン！　メイヨー!!　ファンチェンメイヨーー!!!」

「ちょっと待ってよ!!　つい今しがた部屋はあると言ったでしょうがあんたっ!!!　なに言ってんだよ!!　ねえ、あるんでしょ！　オレ疲れてるんだって!!　泊めてよ!!」

「メイヨー!!　チュイピエタチューティエン!!」

なんだよ〜。最初に明らかに部屋はあるって言ったじゃないかよっ。それが日本人だと名乗ったら突然なくなるなんておかしいじゃないか!!　ただの意地悪じゃないかよそれはっ!!

けっ、いいよいいよ。あんたに頼らなくても、周りにいくらでも宿はあるしさ。こんな性悪な宿こっちから願い下げだぜっ。こんなとこに泊まったら何されるかわかったもんじゃない。靴を隠されたり菓子パンを買いに行かされたりするぜきっと。15年前の、思い出したくないあの頃のように(号泣)。

オレは再び重いバックパックを担いで宿を出た。

長い移動後で寝不足で暑くて重くて不安で疲労感たっぷりだ。寝台バスでひと晩苦しんだのに、着いた後にまでこんな仕打ちが待っているとは思わなかった。そうかよ。日本人が気にくわないのかよ。ちくしょう。**ODAを返せっっ!!!**

それからオレは、しらみつぶしに珠海の宿泊施設を回った。しかしなぜかどこも同じ展開で、たとえ部屋があることを最初に確認しようとも、向こうが早口で喋ってオレが理解できない↓どこの者か聞かれる↓日本人ですと名乗る、とここで「部屋はない！」と言われてしまうのだ。どう考えても、オレはいじめられている。

街ぐるみでいじめられている。

下の写真はオレをいじめた酒店のひとつだ。

でもまさか野宿するわけにもいかないしな。都会とはいえ1人で外で寝てなんかいたら、野盗に襲われそうだ。お肌にも良くないだろうし。洗顔してメイクも落としたいんだからもう。

これでもう8軒目か9軒目。だんだん行く所がなくなって来たが望みをかけて次のホテルへ。

「ニーハオ!!　**アイラブチャイニ———ズ!!　ああ中国はなんて素晴らしい国なんでしょ**

う。僕はこの国を旅行することができて本当に幸せ者です!!!　ところで、僕の泊まれる部屋はありますか?」

「ヨウ。ツェンマファンチェン?」

「ごく普通の単人房《タンレンファン》でお願いします」

「1泊80元アル。身分証は?」

「はい、パスポートをどうぞ」

「これが身分証?　見たことない身分証アルね……」

「曲がりなりにも宿泊施設に勤めていてパスポートを見たことがないわけがないでしょっ!!　今までどんな田舎でもパスポートは認識されて来たんだから。中国のどんな田舎でもさあ。雲南省ですらさあ」

「まあいいよ。はい、これが部屋の鍵ね」

「**うおおおおおおっっ!!!**　やった――――!!!　ありがとうございます!　もう中国人嫌いなんて〜〜**言わないよ絶対〜〜〜♪♪(槇原風)**」

やっとだよ〜〜〜(涙)。やっと部屋にありつけた……。

おのれ〜、珠海め、カラオケを歌っている時にドリンクを運ぶ店員さんが入って来るだけで恥ずかしくて歌をやめてしまうほどのガラスのハートを持ついたいけなオレをいじめやがって……。

イジメはなあ、たとえイジメに参加しなくても、見ているだけの人間も同罪なんだぞっ。だからこの本を黙って読んでいたそこのあんただって、珠海の宿と一緒にオレをいじめたことになるんだっ!! **反省して欲しいもんだねっ!!! 謝って欲しいねっ!!!**

オレは鍵を受け取ると荷物を持ちヒーコラ言いながら階段を上り、部屋に入るとすぐさまベッドに倒れ込んだ。

し、しんどかった……。もうたまらんわ……ひどいわあんたら……オレは何も悪いことしてないのに……。ああ疲れた。まるで富士の樹海を歩いてるみたいだったよ。珠海だけになんちゃって。あっはっは。

プルルルルルル〜!　プルルルルルル〜!

…………。

部屋の電話が鳴ってる。鳴ってるよ電話が。出たくない電話だよねこれ。**間違っても絶対いい知らせじゃないよね。**わかるもん。でも、オレには何も聞こえないし。今はただベッドの上で横たわるだけだから。この一見無駄なようなくつろぎの時間が今はなにより大切なんだから。電話とかそういう複雑な機械のことはオレよくわからないし。放っておきましょう。あ、ほら、鳴り止んだよ。よかったよかった。

ドンドンドンドンドン！　ドンドンドンドンドン（ドアを叩く音）!!

「ウェイウェイ！　ライライ！　ライチョーリ!!」

……………。

ううう（涙）。ガチャッ

「なんですか掃除のおばちゃん。昨日の午後遠い荊州でバスに乗り18時間かけて移動してその後広州でまたバスを乗り換えこの珠海までようやくたどり着いて寝ていない体で重いバックパックを背負い何度も宿泊を断られ最後の最後でやっと部屋に入ることができて涙ながらに現在ベッドに体を預けている僕に何かご用ですか」

「受付で呼んでるアル！　受付に行くアルよ!!」

「あっそうですか。行けばいいんでしょ行けば（涙）」

オレは力の抜けきった体で階段を降り、再びフロントのねえちゃんに対面した。

「お呼びでしょうか。僕は疲れました」

「ニーシーリーベンレンマ？　日本人だったの？」

「そうですよ。パスポートにそう書いてあるでしょ」

「悪いわねー。泊めることはできないのよ。他のホテルに行ってちょうだい。はい、パスポートとお金」

「ああそうですか。あなたたちさあ、日本人が嫌いなんでしょ？　だから日本人のオレなんかに部屋を使わせたくないんだよねっ。日本人は中国に来るなってことだねっっ」

「そうじゃないわよっ。日本人だからじゃなくて、美国人《メイクオーレン》（アメリカ人）でも徳国人《トォーコーレン》（ドイツ人）でも同じよ」

「オレはもう10軒も宿泊を断られてるんだからなっ（正確には8軒か9軒だけどちょっと水増し）!!!　じゃあオレはどこに行けばいいんだっ!!　それとも日本人の旅人が野垂れ死にしようがそんなの知ったこっちゃないのかよっ!!!」

「三ツ星ホテルに行けばいいのよ」

「え？　八つ橋？」

「三ツ星ホテル」

「あら。それどこにあるの？」

「この先の大通りにいくつもあるわよ。三ツ星ホテルなら泊まれるわ」

「そうなんですか？　まああなたがそのように言うならちょっと行ってみましょうかね……」


オレは部屋に戻ってまたも20kg超の荷物を抱えると、階段を降りてそのまま宿を出た。

ああきつい。今日はきつい。だいたい1軒目は断られたとしても、2軒連続で宿に宿泊を拒否される（しかも満室以外の理由で）ことなんて、今までのアフリカからアジアの旅でも一度もなかった。宿が決まらないっていうのは文字通り外国の見知らぬ土地でホームレスだから、本当に心細くてどうしようもないんだよ。なんで部屋が空いているのに泊まれないんだよ。

しばらく歩くと広い道路にぶち当たり、その道沿いにはいくつか高級そうなホテルが並んでいた。じゃあちょっと入ってみるか……。よいこらしょっ。

「ニーハオ。**ワイは日本人じゃ〜〜〜〜っっ!!!**」

「アーユージャパニーズ？　How may I help you?」

「あのー、泊まれる部屋ありますか？」

「オフコース。How many days do you stay?」

「あの、その前に僕は日本人なんですが。アイアムジャパニーズ。何かそれに対してはありませんか？　問題があるんじゃないですか？　何か珠海の人々は日本人に対して腹にいちもつ持っていらっしゃるんではないですか??」

「そんなことありませんわミスター。ノープロブレムです」

「本当に？　あとで電話かけてきたりしない？　持ち上げておいて落とすみたいな一番残酷ないじめ方をしたりしない？」

「ノープロブレムですミスター。1泊220元になります」

「高っ!!　さすが三ツ星ホテル!!　でもやっと部屋がっ!!　部屋が得られたのですね僕はっ(涙)!!!」

　ということでオレは、中国に入国してから初めて、ユニットバスが付いている部屋に泊まることになった。

　水が完璧に流れる洋式トイレ。嬉しいなあ……**排泄の真っ最中に誰か見知らぬ人と出会う可能性のないトイレって人間らしくていいなあ……(涙)**。

　しかしこの展開からよく考えてみると、どうやらこの珠海では、「三ツ星未満のホテルは外国人を泊めてはいけない」という決まりがあるみたいだ。このホテルがこんなにあっさりと受け入れてくれたことからしても、別に街全体に反日ムードが高まっていて意地悪されたという訳ではないらしい。

それなのに、さっきは「あなた日本人が嫌いなんでしょ!!」などと招待所のおねえさんに文句を言ってしまった……。恥ずかしい！　なんかすごく申し訳ない!!　ごめんなさいおねえさん。この場を借りて謝罪いたします……。すみませんでした。とぃぷちー♡

でもなぁ、どっちかと言うとこれは、オレのせいじゃなくて珠海市のせいだよなあ。多分あれでしょ、この街には海外からやって来る駐在員が多いから、外国人に中国の文化レベルの高さとか清潔さをアピールするために、いいホテルにしか泊まれないようにしてるんでしょ？

そんなこと今さら言ってもさあ、オレここまで中国で何十軒の安宿を渡り歩いて来たと思ってるんだよ。ついこの間泊まった宿なんて、**トイレのツインルームだぞ??　シャワーだって1つの蛇口を全裸のおっさんたちとシェアして使ったんだぞ??**　この期に及んで清潔なユニットバスを見せられても、騙されないってんだよ。

でも……、

うううううっっ嬉しいようっっ（ピカピカに掃除された洋式便器を抱きしめながら）!!!

寝ます。幸せに。おやすみなさい。

10　夜景 オブ ミリオンダラー！

翌朝、いつもよりゆっくり起きて、**太極拳よりスローな動きで**ゆらゆらと荷物をまとめ（三ツ星ホテルだから1秒でも長く滞在しないともったいないのだ！）、しぶしぶホテルを出ると隣の珠海バスターミナルへ。まずこれからバスでここからほど近い、海辺の街・深圳《しんせん》を目指すのだ。

早速切符売り場へ……。

「すみません、深圳行きのピャオ（票）で一番早いのお願いします」

「あいよ。25元ね」

「はいどうも。えーと、えっ？　9時45分⁇」

切符おばちゃんがオレに渡した票を見ると、そこには「AM9：45」と書いてある。しかし現在時刻は、オレの時計では既に9時50分だ。

腕時計を人差し指でポンポン叩きながら、オ

レは眉目秀麗な眉間に皺《しわ》を寄せて訴えた。

「すみませんあのね、もう発車時間過ぎてますけど。今9時50分ですよ？」

「モーマンター――イッツ（無問題）!!!」たく細かい客だね……。深圳行きのバスは山ほどあるんだから、どのチケットでも乗れるんだよ！　さっさと行きなっ!!」

「そ、そうだったんですか。失礼しました。細かい性格ですみません。典型的なA型なものですから」

怒られた……。優しく客を案内するのが役目のはずのチケット売場のおばちゃんにいきなり怒られた(涙)。

でも、オレは何も悪いことしてないだろっ。過去の時間のチケットを売られたら疑問を感じるのが一般的な感覚だろ。**おかしいのはそっちだろうがっ!!　だいたい、おかしいんだよ中国はっっ!!!　中国はおかしいんだっ!!　おかしいのはあんたたちだっっ!!おかしいっ!!　オレは騙しもせず無理も言わず素直に清廉潔白に生きているんだよっっ!!!**

くそおっ。昨日は外国人っていうだけで散々宿泊拒否されるし……中国の人々は道端でも電車の中でも建物の中ですら容赦なく唾を吐くし……共同トイレを使う時も全く気が休まらないし……ろくなもんじゃないんだよ中国はっ（ストレスが溜まる今日この頃）。

まあいいや！　朝から不機嫌になるのは良くないぞ。だってオレの役目は、元気いっぱいに世界を飛び回る姿を見せて日本のみんなを笑顔にすることなんだから！　もっと旅を楽しまなきゃ！

イヤッホー‼　じゃあ次のバスに乗るぜヨーソロー‼!　ハ・レ・ル・ヤ（意味はわからないけど陽気な感じがする叫び声で元気を取り戻そうとする私）‼!

深圳行きのバスはターミナルの入り口に停車していたので、早速乗り込んで乗務員にはつらつと挨拶をする。さあ、腹の立つことなんて忘れて、楽しく行こう！　**今日も陽気な1日が始まるのさ‼**

「ツアオシャンハオ（おはようございます）！　ごきげんいかがですか？」

「深圳に行くのか？」

「はい、深圳に行きます」

「じゃあチケットを見せて」

「はい、ニーカンカン（どうぞ見てください）！」

「……おや？　なんだこりゃ。これは9時45分発の切符じゃないか。そのバスはもう行っちまったぞ」

「えっ」

「この車は55分発だ。切符が違う」

「おうおうおうおう。ちょっと待ったらんかい。あんた何言ってんだかオレにはさっぱりわからねえんだが」

「だから、時間が違うと言っているんだ。今何時だ？　もう9時53分じゃないか。9：45のチケットで9：55発のバスに乗れると思うか？　オレは何か間違ったこと言ってるか⁉」

「言っていません。あなたは正しい。あなたの言っていることはとても理に適っています」

「だろう。じゃあおかしいのはおまえだよな。ほら、降りた降りた」

「そうですね。おかしいのは僕ですよね。困らせてすいません。ではさようなら。なーんて納得するわけねーだろうがっっ‼‼　アホぬかせっ‼!　朝から理不尽にもほどがあるんじゃゃワレコラっっっっ‼!」

「なんか文句あるのか？」

「オレは今そこでチケットを買って来たんだよっ‼　別に時間なんか指定してないんだっ‼　チケット1枚くれって言ったらこれが出てきたんだよっっ‼!」

「だが、違うものは違うんだ。それはこのバスの切符じゃない。見てみろよ、出発時間が9：45になって……」

「わかってるっちゅーんじゃっ!!　ここに書いてある出発時間は9時45分！　今は9時53分！　それがどうしたっ!!　オレはそれをちゃんと確認した上で大丈夫だと言われたからこの票を買ったんじゃっ!!!」

「それならもう一度切符売り場に行って取り替えてもらって来いよ。その間にこのバスは発車するだろうけど」

「ふざけんなあああっっっ!!!　ぎゃ―――――!!　ワオオオ―――!!!　オレはここから一歩も動かんぞっっ!!　降りてたまるかっ!!　絶対に降りないからなっっ!!!　バカヤロ――(涙)!!!」

………………。

誰が悪いんだ。いったいこの件に関わっている人間で悪いのは誰だ。バスの乗務員、オレ、チケット売り場のおばちゃん。**この中の誰か1人がいい加減なせいで、朝っぱらからこんな意味不明のごたごたが起こってるんだ。**まさかオレじゃないよな？　たしかに乗務員の言うことはもっともで、周りの乗客もオレを寝坊してゴネているやっかいな客だと思っているのだろうけど、**これほどの冤罪もないよ。**あんたら中国さあ、全体的にいい加減ならいい加減、きっちりしてるならきっちりしてるで、**どっちかに統一**

してくれよっっ!!!　両方が混在しているせいで正直者の客が被害を受けてるじゃないかよっっ!!　適当でいいと決めたんなら、最後まで適当を貫けテメエぐおおおおっっ!!!

　オレはもう**てこでも動かんぞ**と入り口付近で頑張っていたら、実際に乗務員は**支点・力点・作用点を設定しててこの原理を使ってオレを降ろそうとしてきたが、**本当にてこでも動かなかったのでようやく諦めて乗車を認めたのだった。さっさと出せアホ――

　深圳までは、沿岸部を走って約3時間で着いた。しかしここは目的地ではなく、単なる中継地点である。ターミナルでバスを降りると今度は乗り換えではなく、案内の表示に従って徒歩。

　しばらく進むと、国内の移動にもかかわらず出入国審査が。手続きを終え両替所でエクスチェンジをして電車に乗り、中国本土ではここまで見かけなかった地下鉄に乗り換えて合計約2時間ほど。

　そしていよいよ彌敦道（ネイザンロード）という漢字・英語交じりの不思議な名前の駅で降り地上に出てみると……。

来ました〜〜〜〜〜っっっっっ!!!
香港!!
イヤッホ————————!!!

(ジャッキー・チェン主演「プロジェクトA」のテーマ再生) ジャッ♪　ジャッ♪　ジャッ♪　ジャッ♪　ジャッ♪　ジャッ♪　ジャッ♪　ジャッ♪

ヨチョイタヘイチョウンチェゲイケセントコイチョホン♪　チョワナギクァファッジヘイタイガ——オイチョン♪　サウチョガッチャガイワッ　サンツヨンジャメイボッ　ヨチョッハヨイサゥインウォウィ　トコデワーイフォン♪

（ドラム）タッタタータッタタータタタタタタッタター♪

パーーーー　トイコムテーー♪　パッパーー　ナヅトホーンヨンーー♪　サンーーチョンガンケイーー　ロンチョンーー　トォコデワーイフォンーー♪

※「プロジェクトA」のテーマ終わり

ほお〜〜〜〜っっっ。

ハッホアーーーッ。

ハチョッ（さて）、ホアチャア〜〜〜ッッハチョオオオ〜〜〜〜〜〜〜〜〜ッッッアッアッ（この香港に来たのは、観光の目的もあるし、中国ビザをとるという目的もある）!!　ホチャハチャッ、**ハーーーアア〜〜〜ホアチャ〜〜〜ッッッ!!!　ハチャア〜〜〜〜ッッッッ（成都で延長したビザの期限も切れるため一度香港に出国したのである）!!!　ハッ！ホァッ！　アチャ〜〜〜〜〜ッ、ホチョーーーーーーーーーーッッッ!!　ハチョーーーーーーーー!!!　アアチャア〜〜〜ッ、ハアチョ〜〜〜〜〜〜〜〜ッッ!!!　ホアア**

〜ホチョア〜〜〜〜〜〜〜〜〜〜〜〜〜〜〜〜〜ッッッッ（ここはもちろん中国の一部であるが、イギリス統治下時代を受け継いで、香港に来る時は中国を出国という扱いになるのである。そして香港では、簡単に3カ月や半年などの長期の中国ビザが取得できるのだ）!!!

ハアッ、ハチョホチョヘチェフチュハアッホオッ、フウヒイハオア〜〜〜〜ッッホア〜〜〜〜〜ッッッハチョ――――――ッッッッ（ただし今後もずっとそうだとは限らないので、香港で中国ビザの取得を考えている人はご自身で最新情報を確認してください！）!!!

……おおっと!!

しまった。幼少の頃より香港映画に親しんでいるせいで、思わず広東語を使って旅行記を書いてしまったぜ……。**ホアチャ――――ッッッ!!!** 広東語でしょこれ？

それにしてもこの街の風景、まさに香港映画そのまんまではないか。本当に香港は看板が低かったんだ……。

こんな低い位置に看板があったらカラスはぶつかりキャッチボールはできず消防車のハシゴはネオンに突き刺さり乗員が感電するだろうが、それでもこうして頑《かたく》なに香港政府が低看板を維持しているのは、ジャッキー・チェンがバスの上で看板を**うまく利用したアクション**をしたり、建物に飛び移ったりが容易にできるようにとの配慮なのだろう。

香港の街を歩くからには、我々旅行者だってジャッキー関連事項には十分留意せねばならない。散歩中に突然ジャッキーの運転する車が突っ込んで来たら**カメラを意識してあえてギリギリのところで避けなければいけない**し、逆に今度は自転車に乗ってジャッキーが逃げて来たら、「ハシゴを担いで自転車の前をうろつく」など**コミカルで面白い妨害**をしなければならない。そのあたりの通行人との連係プレーこそが、ジャッキー映画の重要な要素となっているのだから。

裏通りには屋台や出店が並んでいるが、このあたりの店も相当苦労が多いと思う。特に坂道や階段の途中にある果物屋なんていうのは、香港全域の中で最も被害を受けた店舗ではないだろうか？　今まで平気で2～30回はジャッキー・チェン本人や追いかける悪役に体当りされ、**数え切れないほどのグレープフルーツが坂道を転がったことであろう。**

いかにも映画の世界といった香港の街並みであるが、同時に日本でもおなじみのファストフード店や、中国本土にはなかったセブン‐イレブン、また高級デパートが数多く見られ、中国の旅で蝕《むしば》まれ傷ついた心を癒すのには絶好の場所であった。

ここでは1日を普通に過ごしても、**全然ねちょねちょしない**のだ。香港では本土のようにさまざまな体液やネチョ物質や汚飛沫《おしぶき》に侵されることもなく、**見知らぬ男性の全裸や排泄真っ盛りの名場面を見せつけられることもない。**ううう、香港〜〜っ、**ユーアーマイフレンドッッ（涙）!!!**

心を癒すといえば、オレは日本人旅行者が集まる俗称「日本人宿」に泊まったため久しぶりにルームメイトが日本人なのだが、これもやはり心が癒される。

特にオレと同じように中国本土からビザ取りや息抜きに来ているバックパッカーが集まると、もれなく「中国ってさあ、**ピ――――**で**ピ――――**で**ピ――――**だよね〜〜!!」「そうだそうだ!!」と、**多くの人の目につく出版物には到底掲載できない中国への批評（悪口ではなくあくまで批評）のオンパレード**で意気投合することになるのだ。

それらはあくまでも、悪口ではなく**論理的な批評**である。ではあるが、もし部屋に盗聴器でも仕掛けられていて、このオレたちの会話が中国のwebサイトにでもアップされたら**第2次日中戦争でも始まりかねないレベルのなかなか過激な批評なので、**ここはピーの内容について具体的表記は控えさせていただきとう存じます。

ところで、ジャッキー・チェンならびに香港映画以外でよく知られている香港の見所といえば、やはり「100万ドルの夜景」であろう。オレも今まで本やテレビでその言葉は何度となく耳にしたことがある。

そんなに美しい夜景があるのならば、オレもぜひとも自分1人だけで見てみたい。これは友達やガールフレンドと一緒ではダメなのだ。100万ドルといえばおよそ1億円もの価値であり、そんな高価なものをカップルでチャラチャラと眺めるなど言語道断。やはりこれは独り占めすべきものなのである。

だって考えてもみろ、せっかく100万ドルもの価値のある夜景なのに、彼女と一緒に見てしまったら2等分して**1人50万ドルずつの夜景**になってしまうではないか。円換算でざっと5000万円の損失である。

いくらなんでも、「彼女」と「5000万円」を天秤にかけたらどっちを取るかは**いわずもがな**であろう。……もちろんオレだったら、**彼女を取るよ。**だって、**愛はお金では買えないんだからっ‼　そんなのあたりまえだろっっ‼‼**

ケーブルカーに乗って、香港の摩天楼を見下ろすことができる「ビクトリアピーク」と呼ばれる丘へ。

まずは、特に値段のついていない日中の景色を見てみよう。

ふむ。まだまだ全然日差しが明るいなあ。

……………。

早く来すぎちゃった（号泣）。

マダムタッソー蠟人形館でも入って時間を潰そうと思ったのに、改装工事中だって……。

暗くなるまで何時間も1人で待つのか……。**だから1人はイヤなんだよっ‼　彼女と一緒ならこういう時だってお茶でも飲みながら楽しく待てるのにさっ‼　冗談じゃねえよ‼　1人はもうたくさんだっ‼　うおっ‼　女っ‼　女よこせっっ‼!**

かんじーざいぼーさー　ぎょうじんはんにゃーはーらーみーたーしー　しょうけんごーおんかいくう　どーいっさいくーやく
しゃーりーしー　しきふーいーくう　くうふーいーしき　しきそくぜーくう　くうそくぜーしき　じゅーそうぎょうしき　やくぶーにょーぜー　しゃーりーしー……（般若心経を繰り返し唱え、心を落ち着かせて夜を待ちます）

おっ‼　ぼちぼち夜だ！　暗くなったぞ‼……と**あっさり書いていますが長かったですよ夜まで（涙）。**
それでは、見たまえ！　これが100万ドルの夜景だ‼　パンパカパ〜ン！

おお〜〜〜〜〜〜〜〜〜〜っ。

いやはやなんとも、**白黒写真になると何が何やらさっぱりわかりませんな…………しかもこんな文庫本サイズじゃあ（涙）**。

そうだ、みんな、思い思いに右の写真に**色を塗ってくれ**。カラフルに、ちゃんと100万ドルの夜景になるように心を込めて。はい、みんな色鉛筆もしくはクーピーを用意して！　準備ができたら各自のペースで始めて！

……できた？　どれどれ、ちょっと見せてね。う〜ん、それじゃあ値段はつかないなあ。色をつけてもせいぜい3ドルの夜景ってとこだね。**下手クソッ**。

まあモノクロ写真で見てしまうと、こんなものである。これぱかりは実際に肉眼で、いや全身で夜景を体験したオレと、本で白黒写真を見ているだけのあなたがたでは感動のレベルが違うと思う。

これが例えば文学賞を受賞するような優れた描写力や語彙《ごい》力のある作家さんだったら、上手《うま》くこの景色を文章で表現して、あたかも自分も美しい景色を見ているかのような錯覚を読者の方に味わってもらうことができるのかもしれない。しかし、残念ながらオレには全く国語力がないので、これを読んでいる方々に感動は伝わらないだろう。わっはっはっ！　**ざまーみろっ‼　オレが文章が下手なせいで全然この夜景の凄さがわからないでやんの‼　かわいそうにあんたらっっっ‼!**

ああ良かったオレ表現力がなくて。おかげでこの感動を自分だけで独り占めできるもん。まあでも、感動が伝わって来ないからってオレを責めるのはお門違いだぜみんな。オレを責めるんじゃなく、**こんな下品な文章しか書けない著者の本を買ってしまった自分の判断力のなさを責めるんだなっっ!!!**

いや〜あっはっは。ああ虚しい。

写真はモノクロだが、実際の風景では光が7色に輝き瞬き動き、レーザー光線は空を照らしフェリーはカラフルに海を走る。まばゆい夜景だ。やっぱり1人で来てよかったなあ。ガールフレンドなんて連れて来ないでよかった。こんなに美しい夜景を誰にも邪魔されず自分1人だけで見ることができるなんて、とっても**寂しい(涙)**。

でもこの100万ドルの夜景、固定相場制の1ドル＝360円時代には3億6000万円もの価値があったのに、円高ドル安の影響は大きく最近では厳密に言うと**1億円を切っている。**昔と比べると大分値崩れしてしまっているよね。

ん?

いや、違う!

うっかりしてた。ここは香港じゃないか！　なんでオレは100万ドルの夜景をアメリカドルで計算しているんだ。違うじゃないか。香港ドルで計算しなきゃダメじゃないか！だいたい今のレートは中国元と同じで1USドル＝8香港ドルくらいなので……、100万香港ドルの夜景とすると、日本円で………、**たったの1000万円ちょっとじゃないか‼　そんなもんかよっ‼**

なんだか、一気に価値が下がったような気がするな。だって1000万そこらの値段だったら、ちょっと頑張ればオレでも買えるもんな。…………。**うっそ〜ん。手も足も出ません（涙）。**

ではそろそろ帰りましょうか……。

大量のカップルに混じって単独のオレは再びケーブルカーに乗り、話す相手もいないので一点を見つめて独り言をぶつぶつと呟《つぶや》きながら気分を紛らわせ、終点からは地下鉄と歩きで宿まで帰還。

夜は夜で香港の低い看板がネオンで色めきたち、まだまだ深夜まで人の流れも車の流れも静まる気配はない。まさに不夜城である。

銀だこでタコ焼きを食べ、マクドナルドでデザートのアイスを舐め、コンビニでスナック菓子を買って宿へ。う〜む。先進国の日常だ。もう中国本土に、**戻りたくねえよ〜〜〜〜〜〜**。

でもまだまだ、香港観光は終わらせないぜ。

11　ロンリー香港ディズニーランド

最近、香港にディズニーランドができたという。

オレは数カ月前に東南アジアのネットカフェでそのニュースを見てから、いつか中国に入国したら香港に渡り、ディズニーランドで思いっきり遊びたいという希望を持って旅をして来た。それだけが旅を続けるモチベーションだった。

そして実際に香港まで来ている今、その熱い気持ちはまだ続いているかというと、**もちろん行く気満々である。たとえオレ1人だろうとも。**

……止めるな。**止めてくれるな。**これが、オレの生き方なんだ。たとえどんなに無謀だろうとも、命を張ってでも、男には挑戦せねばならない時があるんだ。

だからオレは、ディズニーランドの公式サイトからチケットを予約した。1人分だけ。これで、当日お客さんが多くて入場制限がかかるようなことになっても、予約があるので安心だ。そう、オレは**やり手の客だ。**

そしていよいよ夢の国訪問前夜。オレは部屋の中であまりにもウキウキして漏れる笑みも隠さず、時々喜びが抑え切れずにキャーキャー♪ と金切り声を上げてしまったため、年上のルームメイトの方々が心配して声をかけてくれた。

「さくらくん、何がそんなに楽しいの？」

「えっ？ 楽しそうに見えました⁇ いやだなあ。なんだか恥ずかしいなあもう」

「いいから、どうしたの？」

「え〜〜、どうしようかなあ〜〜。言っちゃおうかな〜〜。やめようかな〜〜」

「別に言いたくないならいいけど」

「明日ディズニーランドに行くんです！　僕ひとりで！」

「えええええっっっ‼　ひとりでっっ⁇」

「そうです。でも寂しくなんかないですよ。だってそこでは、夢の国の住人たちが僕を出迎えてくれるのですから」

「キミさあ、悪いことは言わないからやめといた方がいいと思うよ。マジで。絶対辛くなるって」

「あ〜〜っ（笑）！　もしかして、うらやましいんでしょ？　先を越されて悔しいんでしょ⁇（腕組みをして）ふふん、そうやって『辛くなるって！』とか言って不安を煽《あお》って断念させようとしているんでしょうけど**おあいにくさま**。もうオンラインでチケットを購入して、カード払いも済んでるんですから！」

「わざわざ予約までするとは……。そこまで行きたいなら別に止めないけどさ……辛いと思うぜ絶対……」

「じゃあなんか僕だけ楽しむのも申し訳ないんで、帰って来たらすぐにデジカメの写真をパソコンに取り込んで見せてあげますね！」

「いるかそんなもんっっ!!!」

「まったく素直じゃないですねー。じゃあ僕は明日早いんで寝ますね！　晩安〜（おやすみなさい〜）!!」

「…………」

そんなふうにオレは、おやすみを言ったはいいが、ワクワクで胸いっぱいのためその晩はほとんど寝られなかったのである。オレもまだまだ、可愛いとこあるなあ。

さて、翌朝はおもいっきり早起きして（爆）、宿を出て颯爽と地下鉄の駅へ。**さあ、いよいよですぞ（笑）！**

香港ディズニーランドまでは地下鉄をやりくりして行けるのだが、途中の乗換駅で「ディズニーランド行き」の電車に乗り換えてまあ吃驚（ビックリ）！　車両のあちこちにディズニーキャラクターたちのブロンズ像が設置されているし、吊り革までがミッキーの形をしているじゃないですか！　いやがうえにも期待は膨らむばかりなりけりですが、この地下鉄で**普通に近くの会社に出勤する人**は逆に周りの乗客の盛り上がりを見てとってもイライラすることでしょうね。

その名もずばり「ディズニーランド駅」でほとんど全員が一斉に下車。同じ電車から降りた大勢の人々に混じって、夢の国への道を歩く。

とりあえずチケットを受け取りに行かないと……。おっ、あそこの窓口だな。

オレは白やピンクのメルヘンな色に塗られたチケットブースに向かうと、スタッフのおねえさんに予約番号を書いたメモを手渡した。するとあっと言う間にコンピューターで照合が行われ、オレは目出たく**大人1人分のパスポートチケット**をゲットすることができたのである。

…………。

あの、おねえさん。**今、チケットを手渡しながら僕のことかなりじっくり見ましたよね？　必要以上に見ましたよね⁇　一応笑顔は笑顔ですけど、明らかに無理して笑っているのがわかるんですけどおねえさん。**

いやいや、こっちだって30年も生きてるんだからそのくらいわかるっての。あなたのその眼の水晶体が、「1人でディズニーランドに来る男ってどんな顔してるのかしら……。うわっ、**こいつかっ！**　楽しいのかね〜男1人で……というより、**不気味だよね。なんかち**

ょっとその行動、人として気持ち悪いわっ……」って語ってるのが丸わかりなんだよ!!　**失礼じゃないかあんたっっ!!!**

せかい〜じゅ〜う〜だれだ〜あって〜♪　ほほえ〜め〜ば〜なかよ〜し〜さ〜♪

よし、じゃあ開園の列に並ぼう（気を取り直した）。

やっぱり新築だけあって凄い行列だ……。早く来てよかった。

オレのすぐ前に並んでいるのは、おそらく地元香港在住だと思われる、若いカップルである。男が園内の地図を広げ、お互いの顔がくっつくぐらい2人で近づいて「最初はどれに乗ろうか

～。あれもいいね～これもいいね～～」なんてことを話している。

彼らはきっと、ディズニーランドに来るのが初めてなんだろうな。そして、好きな人とアトラクションを回るのが楽しみでしょうがないんだろうな。そして、**後ろにいる1人で来ている日本人が「別れろ～別れろ～別れろ～～……」と自分たちを呪っていることなんて全く気付いていないいんだろうな。**

………。いや、ジョークですよジョーク。そんなわけないじゃないですか。僕はいつ何時《なんどき》だって常に自分以外の人間全員の幸せを祈り続ける男なんですから。自分が合格したせいで他の人が不合格になり悲しむ姿を見るくらいなら、自ら不合格を選ぶ男ですから。そういうバカな男ですから。どうしても悪にはなれないんです。不器用なんです。笑ってやってください。


ということでいよいよ開園時間。香港ディズニーランドに怒濤の突入である!!

ちなみにここから先、写真はたくさん撮ったのだけど本紙への掲載は控えます。そのへんの事情は**大人ならわかってくれるでしょう。**

もし多数の写真をババーンと掲載してしまって巨大企業の偉いお方に掲載料を請求され、「そんな固いこと言わないでくださいよ～。ほら、一緒に歌いましょう！　せかい～じゅ～

う～だれだ～あって～♪　ほほえ～め～ば～なかよ～し～さ～♪」となれなれしく迫っても、**こればかりは微笑《ほほえ》んだくらいでは仲良くしてくれそうにない。その状況を解決するのは、笑顔ではなく、お金だ（夢のない世界）。**

それはともかくまずはそのへんの小学生と競いよぼよぼ開園ダッシュを見せ、スペースマウンテンへ。

1番乗り！

ギャ――!!　うれし――――!!!　たのし――――!!!

おえ～～～～っっっ（涙）。

……うう、気持ち悪くなった。昨日全然寝られなくて、朝食も食べてないから激しく酔った。おおお～～～、フラ……フラ……。

しか～し！　**さくら剛、ただいま宇宙より帰還しました!!　それでは次のアトラクションへ向かうであります!!**　↑バカです

次は、映画「トイ・ストーリー」をテーマにしたシューティング型アトラクション、「アストロブラスター」だ。定員3名の戦闘機型の乗り物に1人で乗って、レーザー銃を使い敵

のロボットを撃ち、撃破ポイント数を競うのだ!!

ちなみに、アトラクションの案内には、「仲間と力を合わせて、悪の帝王から宇宙の平和を守ろう!」と書いてある。すいません、僕には**力を合わせる仲間はいないけどいいですか? 頑張ります。1人だけれど頑張って敵を倒すようにします。だから許してくれますか?? 1人でも、いいですか(号泣)??**

こちとらイチャイチャきゃーきゃーと騒ぎながら戦う不謹慎な輩《やから》どもと違い、喋る相手もいないしなにしろファミコンの進化と共に青春を歩んだゲーム世代の引きこもりである。雑念を捨て、ただ敵を倒すことだけを考えて射撃に集中だ。敵は襲い来る悪の帝王そして、**全てのカップルだ。**

通常の人間では持ち上げることすら困難なレーザー銃をまるでうなぎパイでもかじっているかのように軽々と振り回し、最終的にオレは前のマシンのカップルの2人分の合計点数よりも高い得点を叩き出してやった。

見たか。オレのおかげで宇宙の平和は守られたんだぞ。オレがいなかったら今頃宇宙はどうなっていたかわかるか? **おまえらみたいな中途半端な気持ちで守れるような狭さじゃねえんだよ宇宙は。**チャラチャラしやがってこのカップルが……。**もっと真剣にやれよっっ!! 歯を見せるんじゃやねえテメエっっ!!!**

ちなみに、この香港ディズニーランドは開園してそれほど年月が経っていないということもあり、まだアトラクションの数もそう多くない。パークの端から端まで10分もあれば歩けてしまうほどだ。

シンボルである「眠れる森の美女の城」も非常にこぢんまりとしており、ディズニーランド・パリの眠れる森の美女と比べたら、こちらの美女は**安宿に寝かされている気分**であろう。おそらく、**切実に心から「早く起こしてくれ」と願っているに違いない。**

さて、あれやこれやと1人で駆け回っているうちに楽しい時は早いもの、あっという間にそろそろお昼時である。腹減った。

よし、今日はせっかくの夢の1日。今日だけは貧乏旅行のことは忘れて、豪華ランチを堪能しようではないか。

オレは園内地図を見て目星をつけ、意気揚々といくつかのレストランの前まで行ってみたが、**どうも全体的にファンシーすぎて1人で入り辛い。**だって、こんな愛の溢れるファンタジックなレストランに男一人でメシ食いに入ったら、**ある種の事件だぞ。**

でも、ダメだ。お腹が減りすぎている。ポップコーンで済ますなんてわびしくてイヤだ。

よし、もうヤケだ！　食うは一時の恥、食わぬは一生の後悔!!

オレが昼食を摂ることを決意したのは、「コーナーカフェ」という名の**ピンクを基調と**

したかわいいカフェ&レストランだ。

昼真っ盛りのため入り口にはそれなりの入店待ちの列ができており、オレのすぐ前にはまたも香港人カップルがいる。レストランのメイドさんはこれまたひらひらのエプロンを着けた、愛らしい女の子だ。

前のカップルが「ハウメニー（何名ですか）？」と聞かれ「Two（2人だよ）！」と答えて入って行ったのに続けて、すぐオレのところにもポニーテールのキュートなメイドさんがやって来た。

「ウェルカム！　ハウメニー？」

「ああ、アイアム……、**アローン……**」

アローンアローンアローンアローンアローンアローン……

オレとメイドさんの頭の中そして2人の間の空間には、**「アローン」の言葉が何度も何度もこだましていた。**

「alone（日本語訳：ただ1人の、1人で）」。この言葉は、英語が苦手な人でも誰でも知っている、初歩の単語であろう。たしか中学生の時に習った言葉だ。しかし、英語の授業で「ａｌｏｎｅ」を学習してから今まで15年。**知らなかった。ａｌｏｎｅがこんなにも辛い言葉だったなんて。**

そしてオレは、カフェのちょうど真ん中にある、小さな丸テーブルに案内された。おそらくどこのレストランにもあるだろう、窓際や壁際のゆったりしたテーブルとは違う、**混雑時にしかご案内されないような、周囲から浮いた小さめで物悲しい席。そこにオレは案内された。**

周りのテーブルから囲まれている、中央の浮いた席。その席に、**男が1人。**めっちゃくちゃ、**めっちゃくちゃ目立つだろうがよっっ!!! 明らかにさらし者じゃねえかっ!! 夢の国のレストランなのに、こんなにハッキリと現実を突きつけないでくれっっ(涙)!!!**

まだ周りの客はある程度おしゃべりや料理に気をとられているからいいとして、ウェイトレスさんの視線が痛い。なにしろ、ウェイトレスのお嬢さんたちは**お客の様子を見ることが仕事だ。**しかもさすがディズニー、人件費が相当投入されており、常時壁際でじっと立って「みなさん私たちのサービスに満足してくださっているかしら?」と店内のお客の様子を窺っているウェイトレスさんが何人もいる。**ああ食べ辛いったらありゃしない。**

それでもオレは、コース料理を注文してせめて日本国民として恥ずかしくないように上手にナイフとフォークを使い、マナーを守って丁寧にチキンステーキを平らげた。

デザートのチーズケーキも、日本国民として恥ずかしくないようにナイフとフォークを使って丁寧に平らげた。ここは肝心なところである。ある意味外国にいる間は、誰もが日本代表なのだ。オレ1人のマナー違反な振る舞いが、時には日本全体のイメージを下げることにも繋がってしまうのだ。慣れない料理だからとはいえ、恥ずかしい食べ方だけは控えなければ。

……とはいえ、どうあがいても**入店した時点で既に十分恥ずかしい存在なんだけどね僕は。今さら上品に振る舞ったって余計不気味に思われるだけさ。日本国民のみんな、ごめん（号泣）。**

このコース料理の値段は60香港ドルで、中国本土の田舎で食べる中華料理のおよそ10倍の値段だ。**そんな大金を払っているのに、どうしてオレはこんなにランチを楽しめていないのだろう。**

……………。

元気を出そうぜ。

午後はもっとわくわくすることがいっぱいあるぜ!!

しかし、ここまでで知らず知らずのうちに恥ずかしさに対するかなりの耐性ができてしまったオレは、この後さらなる無謀な恥の世界へ猛進することになってしまうのであった……。

つづく

12　ロンリー香港ディズニーランド2

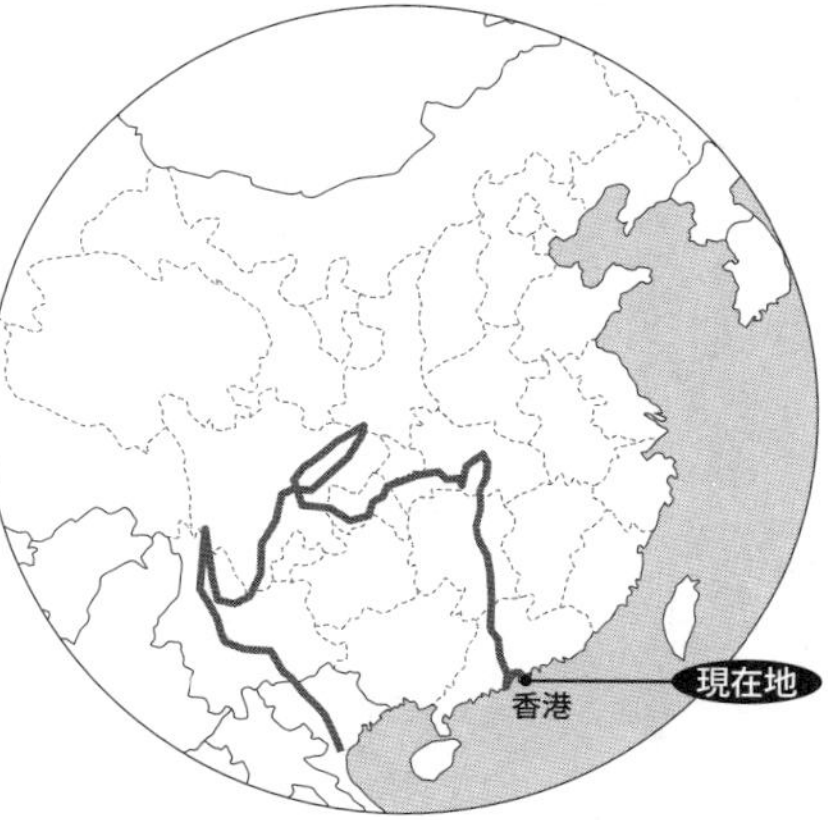

ある意味レストランの中では**ミッキーマウス以上の注目を浴びながら**1人ランチを終え、人気キャラクター（トゥーン）の気分が良くわかるままにオレは惜しまれつつ店を出た。きっと今頃、カフェの中はオレの話題で持ちきりだろうな……。なにしろオレがいたさっきまで、コーナーカフェは「1人でディズニーランドに来て寂しくランチを食べる男をみんなで観察する」という**特設のアトラクション**と化していたからな。

はっきり言って、オレにとってこのランチは**ホーンテッドマンションをはるかに超える悲劇的な気分のイベント**であった。あまりにも悲壮感が漂い過ぎており、もしあそこでオレが「みなさんこんにちは。僕がこのたびホーンテッドマンションに配属されることになりました、**1000体目の幽霊です**」と自己紹介しても、誰も疑問を抱かなかったであろう。

午後は軽く園内を、仲の良さそうな家族連れやカップルを見ていい笑顔になりながら散歩し、ライオンキングやゴールデンミッキーショーなどの素敵なショーをいい笑顔で堪能した。華々しいショーで歌い踊る着ぐるみやダンサーの人たちの一生懸命な姿に心打たれ、オレはずっといい笑顔だった。とはいえ、朝からずっといい笑顔なのに、仲良くなってくれる人は誰もいない。やっぱり、**「世界中誰だって微笑めば仲良しさ」というのは言い過ぎじゃないのか？** わかっただろっ。現実問題、世間というのはそう甘くないんだよ。

なに？　その前に、ミッキーのことを着ぐるみなんて言うなって??　あれは着ぐるみじゃなくて、ミッキーマウスなんだって??

あらそうですか。

さて、ショーに感化されたオレはいい笑顔のままメインストリートで意味もなく尻をぷりぷりと振りつつ、これからどうしようかと考えていた。もう大きなアトラクションは回ったし……ショーも見たし……。

するとその時。どこからか、いや、自分の内なる声、**自分を支配している脳の中の別の自分**が、何かオレに命令口調で囁《ささや》く声が聞こえて来た。なんだ。何を言っているんだ??

「撮りなさい………」

「なに？　なんだい内なる声？」

「写真を撮りなさい………」

「写真かい。そんなもの、朝からバシバシ撮ってるじゃないか！」

「記念写真を………撮りなさい………」

「記念写真って、自分の写真ですか？」

「記念写真を………**キャラクターと一緒の2ショット写真を撮りなさい………**」

「…………。なんだって……」

「記念写真を…………キャラクターと一緒の2ショット写真を、**10体分撮りなさい**
………」

「はいわかりました御主人様」

…………。

何を言っているんだいオレの内なる声は??

いいかい、よ――――く考えてみなさいよ。着ぐるみと並んで記念写真を撮って喜ぶのは、**せいぜい女か子どもだろうがっっ!!! オレは男だっ!! しかも1人で来ている成人男子!!! 2ショット写真なんて頼んだらさすがのミッキーも引きまくるだろっっ!!!**

「文句はよしなさい。いいですか、戦国時代の武将・山中鹿之介という人は、天に向かって『願わくば、我に七難八苦を与えたまえ』と祈ったと言われています。……って『ドラえもん』の中でのび太くんのお父さんが言っています。すなわち、人間はたくさんの苦難を乗り越えることによってさらなる高みへと成長できるのです」

「どんな成長が見込まれるんですかミッキーと記念写真を撮ると?」

「**勇気です。**『恥ずかしい』という感情を捨ててしまえば、人間できないことなどなくなるのです！　いいですか、あなたは今後好きな人ができた時に、恥ずかしいからといって自分の気持ちを隠し続けるんですか？　好きな気持ちを打ち明けることもできなくていいんですか⁉　去って行く彼女の背中をこれからも何も言わずに見続けるんですか？　今までのあなたのように」

「やってやるっ‼　写真を撮ってやるっ‼　香港のディズニーキャラクターたちに、大和魂を見せつけてやるっっ‼」

えーい、どうせ全てのアトラクションを回っても時間はたくさん余るんだ！　思い付いたが最後！　やるしかない‼　一度思い付いたことは、やらなければ後悔するんだ‼　今まで全ての物事に対して躊躇《ちゅうちょ》して逃げて来た自分、**そんな自分をこの香港ディズニーランドで変えてやるんだ‼**

どうやらオレはこの旅で、時とともに少しずつしかし着実に自分の中の壁を崩して行っているようだ。

以前のオレだったら、さすがに「１人でディズニーランドに行く」という行動までが限界ギリギリの決断だったはずだ（それでも常人の限界は十分超えた所にいるであろう）。だが今、その壁をもさらに破り、過去の未熟なオレには遠い世界のはずだった**こんなにも困難で恥ずかしく意味のない試練に挑もうとする自分がいる。**やはり、旅は人を成長させるんだなあ。

　まあそういうことで、それじゃ、ファンタジーガーデンに行くとするか……。

　説明しよう。「ファンタジーガーデン」というのは東京ディズニーランドでのトゥーンタウン、「ミッキーの家とミート・ミッキー」あたりに相当する、ディズニーのキャラクターが常時滞在していて誰でも一緒に写真を撮ることができるという、記念撮影に最適なアトラクションなのである！

「………駄目です」

「えっ？」

「そんな邪道なことをしては駄目です。簡単にミッキーやミニーと会えるファンタジーガーデンは、**禁止です**」

「なんだよそれは！　じゃあどうすればいいんだよ‼」

「自分で歩き回って探しなさい。パーク内のあちこちに**ランダムで出没するキャラクター**を見つけて記念撮影をするのです。それが真のディズニーファンなのです」

「な、なんという厳しさ……。オレはこんなにも自分に厳しい人間だったのか……」

　ぐうっ。これは、険しい試練である。彼らがパーク内のどこに出るかもまったくわからない上に、10種類のキャラクターをかぶらないように見つけなければいけないのだ。しかも、その全てと記念撮影をする。これは、恥ずかしさも難易度も文句なくAクラスの課題である。だいたい、誰にシャッターを押してもらうんだ？　というかオレ別に真のディズニーファンを目指してないんだけどな……。

ああ面倒くさいぜちっくしょう。

おっ！　そう言っている間にダックが！　つがいのダックがいるぞ！

まず最初に発見したのはドナルドさんとその彼女である。周りにはオレと同じようにアヒルを発見した通行人の方々が、記念写真を撮るために列を作っている。よし……、並ぶか……。

オレは、幸せ感のたっぷり漂う人と人とが織り成す列に、**男1匹**紛れ込んだ。か、勘違いしないでくれよ。オレは、男1人にもかかわらず「ドナルドちゃんと記念撮影をしたいの。キュピッ♡」なんて軟弱なことを思って並んでいるんじゃないんだぞっ。**本当は写真なんか撮りたくないんだっ‼　撮りたくないけどあえて並んでいるんだっ‼　そこの所を誤解しないようにしてくれよっ（だからどうした）‼!**

さて、順調に列は進んでいよいよ次はオレの番だ。ここでオレは……、屈辱を忍んで、後ろに並んでいる香港人の女の子に声をかけた。

「エクスキューズミー。すみませんが、僕これからドナルドの横に立つんで、シャッターを押してもらえませんか？」

「**ハァ（なにこいつ友達いないの？）??**……オー、オーケー」

女の子は**かなり本気で顔が引きつっていたが、**なにしろやはりここは訪れる全ての人を優しくしてしまうディズニーランド、彼女も「いけない、いくら不気味だからってここで断ったら今日1日の素敵な思い出にモヤがかかってしまうわ！　他の場所でなら絶対に無視するパターンだけど、ずっと来たかった夢のディズニーランドなんだもん、今回は引き受けてあげましょうよ、たとえこんな気持ち悪い男の頼みでも！」と自分を諭したのだろう、オレからカメラを受け取り撮影体勢に入ってくれた。

オレはたった1人で、ゆっくりとドナルドカップルの方へ進んだ。その時、**2羽のアヒルの中でどのような感情が渦巻いていたかはわからない。**しかし、さすが夢の国の住人。ドナルドはグワーグワー言いながら（言ってないかな）オレの肩にポンと手を置き、彼女の、そうそうたしか名前はデイジーちゃんは、思わず「こ、この子もしかしてオレのこと好きなのかなっ」と勘違いさせられてしまうくらいスムーズに、オレの肘に腕を絡めてポーズを取ってくれた。あ、あなたそんな大胆な……。**いいの彼氏が隣にいるのにそんなことしちゃって……？　そういう八方美人タイプは同性からも嫌われるよ??**

で、でも、うれしい。なんか可愛い2人に挟まれるとすごくハッピーな気分だ。男1人だからって嫌な顔ひとつせず、他のお客さんと接するのとまったく同じ表情で（表情変わりようがないけど）、まばたきもせずにこうして記念写真に付き合ってくれるダックカップル。アヒル腹の部分が手に触れるとモコモコして気持ちいいし、オレの肘に回ったデイジーちゃんの腕にはなんか**女性の温《ぬく》もり**を感じる。**あおお〜〜、ここ何年も味わったことのない感触だ〜〜（涙）**。

じゃあ写真お願いします。うぐうう……っ、後ろで並んで見ている全員からの好奇の視線が刺さる……。オレの羞恥心は今、ボコボコに叩かれ鍛えられている。鍛えられている、**のか？**　成長のために本当に必要な試練なのかこれは？

「撮りますよ！　ハイ、イーアルサン！」

「サンキュー！　謝々‼」

オレはダックスと後ろの女の子に礼を言い、デジカメを受け取ると早速モニターで画像を確認してみた。

……………。

撮れてない……。

写真が、撮れていない。このカメラは他のデジカメと同じようにまずシャッターを半押ししてピントを合わせ、そこからもう一度深く押し込むことにより撮影になるのだが、ピント合わせの時にも「シャシャッ」と音がするため、デジカメを扱いなれていない彼女はその音だけで指を戻してしまったのである‼

でもこれは、彼女は悪くない。オレがちゃんと説明しなかったせいだ。と、ともかく申し訳ないけどもう一度頼もう。**おおっっ!!!**

オレがモニターから顔を上げると、既にさっきの女の子はキャーキャー言いながら大はしゃぎでドナルドに抱きついており、その前では友達がガバッとカメラを構えている。そして後方には順番待ちの人たちが迫り、今か今かと自分の番に向けて期待のオーラを出している。

……も、もう頼めない。既にオレは彼らの領土からはみ出ており、明らかに**「自分の番が終わった人」**になっている。ここで無理矢理「もう1枚！」と頼んだら、それは割り込み扱いになるだろう。そんなマナー違反なことをするのは、後ろで目をキラキラさせながら見ている子どもたちの教育上非常に良くない。

くううう……。こうなったら、もう1回列に並び直すしかない。ディズニーランドでアトラクションにも他のキャラクターの所にも行かず2回連続で同じ記念写真の列に並ぶなんて、**どんだけドナルド好きな男子なんだオレはっ。**

「は〜い、ごめんなさいね、ドナルドとデイジーはそろそろファンタジーガーデンへ帰らなきゃいけないの。もし一緒に写真を撮りたかったら、ファンタジーガーデンに来てね♪」

「えっ。そんな……。僕にはファンタジーガーデンでは撮っちゃいけないというルールがあるのに〜〜〜っ（涙）」

オレが列の後ろに並び直そうとした所、ドナルドのマネージャーと思われるキャストのおねえさんにストップをかけられた。ここでの記念撮影サービスは、もう終わりらしい。なんてこった。結局1枚の写真もゲットしていないなんて、**オレはここでただ恥をかいただけじゃないか。なんだったんだオレの味わった屈辱は。**

でも、嘆いている暇はない。こうなったら次から次へと行くしかない。キャラクターを見つけても、こうやって時間が来ると撮影タイムは終わってしまうのだ。10体も探して写真を撮らなきゃいけないんだから、恥ずかしがっている時間なんてないぞ（どこからその義務感が来ているのかは不明）。

ダックに振られたオレは傷心のままパークを歩くと、今度は眠れる森の美女を見つけた。この人は一応人間という設定なので、着ぐるみ、じゃなくて動物的な外見はしておらず、お姫様の格好をした普通の白人のおねえさん（たしかに美女）である。

女性や子どもが多いディズニーランドでは若干本物のお姫様の需要は低いらしく、今回は大して待たずにお願いすることができた。なにしろ彼女は人間タイプだけにリアルに表情がわかるが、男1人で近寄っても決して笑顔を崩すことはない。さすがプロ。

今回はすぐ隣にキャストのおねえさんがいたので、撮影を頼むことにした。

オレが美女の隣にスタンバイすると、先ほどのデイジーちゃんと同じように美女もオレの腕に自分の手を回してくれた。……**おおおおおおっ。まさか白人女性が自ら腕を組んでくれるなんて、オレの人生でこんなことが起きるなんて夢にも思わなかった〜〜〜〜っ（泣）。まさしくここは夢の国じゃ〜〜〜〜〜っっっ（号泣）!!**

でも、この美女の積極さは……、もしかして彼女は、オレのことを**自分を迎えに来た王子**だと勘違いしているのではないだろうか？ **オレの高貴な外見だけを見て、王子様だと早とちりしてしまったのではないだろうか??**

…………………。

そうだよ〜〜〜僕が王子様だよ〜〜〜〜〜っっ!!! チューを!! チュー

をしてあげるよこの引きこもり王子が!!　チューを、チューをっっ!!!　もうこの美女起きてるけど、もっと目が覚めるチューを!!!

「はい撮りますねー！　ワンツースリー！　カシャ」

写りをチェックしてみると今度は完璧。「白人女性に腕を組んでもらっている自分の写真」という、おそらく**人生で唯一の1枚**となるであろう貴重な画像をゲットすることができた。

ああ……、なんかディズニーランドっていいよね。**こうやってお金を払って入場すれば、キレイな女性に腕を組んでもらえるんだもんね。大人の楽しみ方だよねこれ。**

さて、それからオレは足を使って園内を歩き回り、ぐるぐると何周もしながら記念写真を撮りまくった。まずは主役マウスのミッキーとミニー、そしてグーフィともう1匹なんだかよくわからん黄色い犬。トイ・ストーリーに出てくるらしい宇宙服を着た顔の長いプラスチック風の人。「ディズニーランドのザ・たっち」ことチップとデール。これで、眠れる森の美女と合わせて、一緒に記念撮影をしたキャラクターは合計8匹（8人、8体、8羽）になった。

さすがに写真撮影をキャストの人に頼むと、絶対に失敗をしない。やっぱり慣れているんだな。最初にアヒルのところでオレに恥をかかせたアナログちゃんとは違うぜ。そりゃあ彼女を責めるのも筋が違うかもしれないけど、だからって**オレの恥ずかしさの10分の1でも体験してみろってんだ。耐えられなくて泣くぞきっと。**

とにかく、ようやく残り2匹だ……。

おっ。またなんかいるぞ。ネコだ。ネコがいる。ピンクのリボンを付けた白ネコだ。ディズニーにネコなんていたんだ……。知らなかったなあ。大丈夫かな。ミッキーを食べちゃうんじゃないのこのネコ？　まあともかく、知っていようが知っていまいが1匹は1匹。

「ネコさん。一緒に写真を撮ってもらってもいいですか？」

「ニャンニャン！　いいアルよ♪」

オレはモコモコした大猫ちゃんの横に並んだのだが、その時またもや自分の中の内なる声が聞こえて来た。

「…………つきなさい」

「え？　なに⁇」

「抱きつきなさい。ネコちゃんに」

「…………」

どうやらオレの中には、SとMが確実に同居しているな。命令する方もする方だが、「もうこの際なんでもやってやる!!」と**ヤケになる方もなる方だ。**

キャー!!　ネコちゃ〜〜ん（黄色い声）!!

オレは、少女のような純真なフェロモンを出しながら、ネコちゃんに抱きついた。

下写真：ネコちゃんとの2ショットを部分的公開

うーんなんとなく、ネコちゃんが傾いてオレから逃げているのを感じる……。

あなた、**ゲストに寄り添うのが仕事でしょ〜〜。1人で来てる男に急に抱きつかれたからって、なに引いてるのさ〜〜〜。**子どもや女の子なんてしょっちゅうあなたたちに体ごと飛びかかってるじゃん。オレはただソフトに抱いているだけなのに。**男性差別をしないでちょうだいっ!!**

後ほど調べた所によると、このピンクリボン白ネコさんは、「おしゃ

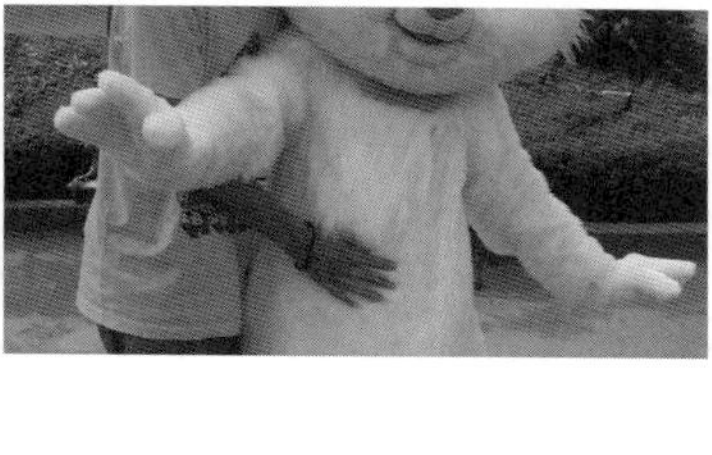

れキャットのマリーちゃん」というキャラクターであった。なるほど。おしゃれキャットのマリーちゃんね。オレはおしゃれキャットのマリーちゃんに抱きついて一緒に写真を撮ったのね。**変態かオレは。**※何を今さら

マリーちゃんにお別れを言いさらに園内を横行闊歩し、次に見かけたのは、黒いゴリラだ。これは調べても名前がわからなかった。ディズニーにこんなキャラクターはいないような気がするのだが。もしかして、**着ぐるみを着てディズニーランドに遊びに来ているただの客なのではないだろうか??**

でもやっぱり近くに引率役のキャストがいたから、なんらかのものなのだろう。グーフィと犬猿の仲の猿とか。キャストさんにお願いして、2ショットで写真を撮ってもらう。なんだかもはやオレは、キャラクターと一緒の記念撮影が楽しくなってきた。人間、どんな状況にも慣れるもんだ。

再びメインストリートに戻るとまたアヒルがいたが、ドナルドはおらず、彼女のデイジーちゃんだけが1人で遊んでいた。カップルではなくデイジーちゃん単独での存在なため、特に周りに人は集まっていない（かわいそうなデイジーちゃん）。

早速カメラを持って近づくと、オレに気づいたデイジーちゃんはキャピキャピした動きで

柱の陰にピョンと隠れ、そして頭だけをニョーッと覗かせてオレを見てきた。

…………。

かわいい……（号泣）。

これ、やっぱり中には誰も入ってないよ。着ぐるみなんかじゃない。だって、**人間がこんなに可愛い動きをするわけないじゃん。**もし中に人がいるとしたら、それは香港とはいえ中国人なわけだよ？　絶対ありえないって。**こんな可愛い存在は中国にはパンダくらいしかいないって（涙）。**

またオレはデイジーちゃんに腕を組んでもらい、写真を撮った。なんだか、**病みつきになりそう。**東京に帰っても、1人でディズニーランドに行っちゃいそう。**年間パスポートを買っちゃいそう。**

いやあそれにしても。

オレは今、モーレツに感動している。ディズニーランドというところは、男1人でも全然楽しめるじゃないか!!
なんだかんだ言いながら最終的に十数体のディズニーキャラクターたちと一緒に撮った、これらの写真は**僕の宝物です☆**
もはやこの時点ではディズニーランドは1人でも楽しい、いやむしろ**1人の方がずっと楽しい**ということを悟ったオレは、まだ未体験だったアトラクション、「シンデレラのカルーセル（メリーゴーラウンド）」や「空飛ぶダンボ」にも嬉々として1人でチャレンジした。
さあ、回るよメリーゴーラウンド！　空を駆けるよダンボ！　いや〜〜あ〜〜はははっ!!

……………。

これは寂しい……。

この、メリーゴーラウンドや空飛ぶダンボに**男1匹**乗るシチュエーションというのは、**人間の精神の健康にとって決して良いことではないな（涙）**。恥ずかしさに慣れて自分を鍛えるというより、これは**ただの恥知らずだ。**

時は夕暮れ。全てのショーを見て、全てのアトラクションを制覇して、キャラクターとも山ほど写真を撮った私。**どうだ。今日の客の中でオレ以上に香港ディズニーランドを堪能した奴が他にいるかっ。**

閉園を知らせる花火ショーが終わると、オレは全ての客とともに夢の国を出て、地下鉄の駅へ向かった。

ああ今日はまさしく、夢のような1日だった……。もしかして、本当に夢だったんじゃないのかな？　むしろ、**夢であって欲しいとも思う。**

オレは心身共に疲れ切った。

13　黄山を見ずして山を語るなかれ

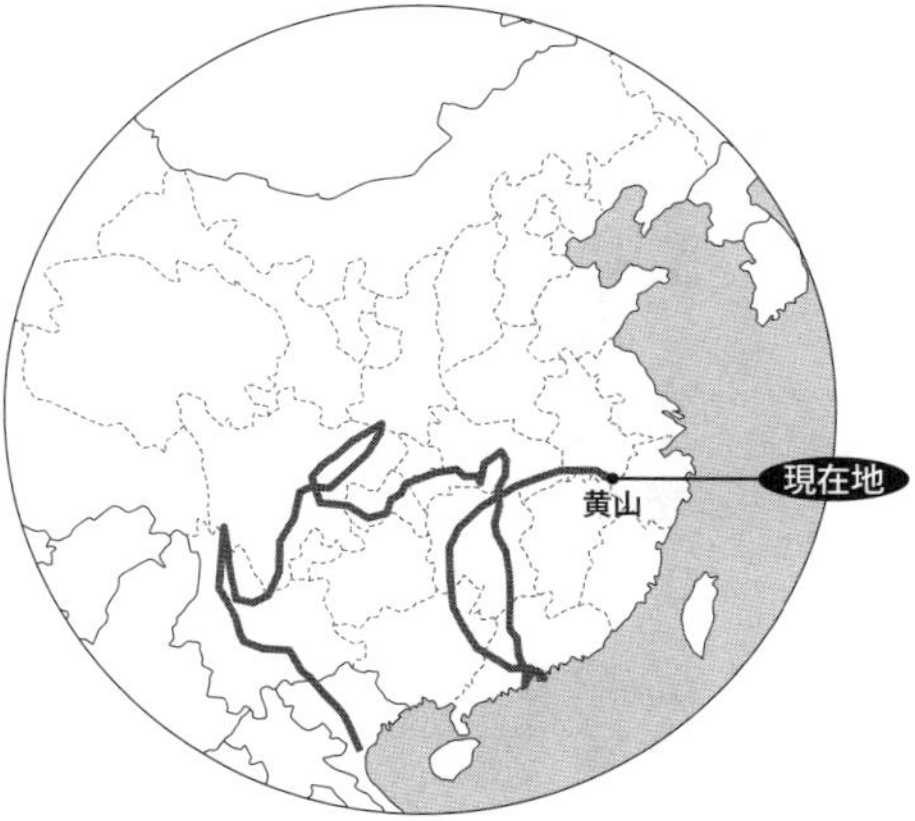

ディズニーランド遊覧を立派に終えたオレは、香港での予定を全て消化して翌日**中国本土へ**戻ることになった。

いったん地下鉄で香港を出て広州に渡り、汽車站で何時間か時間を潰してそれから夜行バスで移動である。

…………………。

いやじゃ～～～～～っっっっ（号泣）!!!

昨日まで正真正銘の夢の国にいたのにっ!!　また今日から中国大陸ネチョ～ン地獄が始まるのかっっ!!!　夢よ覚めないでっ（涙）!!　香港ディズニーランドは、我々に現実の厳しさを教えるために作られたのかっ!!　逆説的な目的かっっ!!!

やっぱり、夢は夢なんだ。

香港は、マッチ売りの少女が点火した炎に包まれた、幻の街だったんだ。炎の中の街だったんだ。だから、香港映画の主役はいつもアチャーアチャー言ってるんだよ。炎の中だから。きっとブルース・リーも、熱気溢れる香港から出て中国で映画を撮ることになったら、**「サム━━━ッッ!!　サム━━━━ッッッ!!!」**と叫びながら**冷めた雰囲気で**ぞんざいに敵を倒したことでしょう。

しかし、戻りたくないと言いながらオレ、わざわざ中国の3カ月ビザを手に入れてるんだよな……。もしかして、「イヤよイヤよも好きのうち」と言うように、これまで大陸で日夜ネチョネチョしていたことによりオレも汚《お》水《すい》汚《お》飛沫《しぶき》汚《お》体液《たいえき》の**ねっちょん地獄**に、いつの間にか快感を感じるようになってしまったのだろうか？　実はもう今のオレは、中国の不潔さも**一切気にならなくなっている**のではないだろうか??

ということで、香港から広州まで移動するとオレは夕食のため食堂に入った。だいたい中国ではどこの店でもそうだが、ここも席に着いた途端近くの客が「カ━━ペッ!!」と床に**汚体液を**吐き出し、オレは絶望的な気分になった。

………やっぱり、中国の不潔さには**慣れない（涙）。イヤじゃ〜〜〜っイヤじゃ〜〜〜〜っ（号泣）!!!**

広州から号泣しながら夜行バスで西の桂林へ、そしてまた夜行バスで北上し中部の都市、武漢へ。さらにまた号泣しながらバスを乗り継ぎ、東方向へ向かい到着したのは、黄山《こうざん》だ。

さて‼

「黄山」というのは山の名前でもあるが、その山のふもとの町の名でもある。

中国には「五岳《ごがく》」と呼ばれる聖なる山があり、それは泰山《たいざん》、華山《かざん》、衡山《こうざん》、嵩山《すうざん》、恒山《こうざん》であるのだが、その5つの山よりももっと美しく、**「黄山を見れば五岳を見る必要はない」**とまで言われているのがこの世界遺産、「天下第一の奇山」とも呼ばれる黄山だ。

これはつまり、旅行者にとっては**非常に好都合な山**ということになる。だって五岳をひとつずつ回ったら大変な労力がかかるけど、黄山ひとつを観光すればもう他の山には行かなくていいのだから。誰だって1回で用事が全て済んでしまう方がいいでしょう。だからこそ駅前の大型スーパーマーケットが流行り、商店街の肉屋さんや八百屋さんはどんどん姿を消してしまっているのです。

また、中国では**「黄山を見ずして山を語るべからず」**という言葉もあり、逆に言えばここに登って黄山を見てしまいさえすれば、オレはこれから堂々と山を語ることができるのだ。

もちろんこれを読んでいるあなたたちは、黄山に登っていないのだから**山を語るのは今日から禁止です。**僕と一緒に合コンに参加しても、僕が女の子相手に山のことを語り出したらあなた方は一切口を挟まずに黙って聞いていなければいけません。ただし、**拍手だけは可**です。いいタイミングで拍手をして、僕の山語りを一生懸命盛り上げてください。「そんなの理不尽だ」なんて言っても、**あなたたちは黄山に登っていないんだからしょうがないでしょう‼　悔しかったら登ってみなさいよ黄山に‼　オレが言ってるんじゃないよ‼　中国がそうやって言ってるんだから‼　中国が言ってるんだから「黄山を見ずして山を語るべからず」って‼　責めるならオレじゃなくて中国を責めてよねっ‼**

え〜さて、この黄山は山頂部からは山水画のような景色を見ることができ、何しろ雲海が素晴らしいという。

しかしここ最近、どうも天候条件がよろしくないようだ。いくらオレが快晴を呼ぶ**日出ずる処の天子**だとはいえ、**日没する処のネッチョリ大国**である中国のしめりけパワーは凄い（どうもすみません）。実際に膨大なネッチョリは黄山にも雲を呼び雨を降らせ、オレは到着日から連続で何日も宿に閉じ込められることになった。

部屋にこもり祭壇を作って「祓いたまえ清めたまえ〜」と**木の棒の先になんかワサワサした紙がついてるやつ**を振り回し、ネッチョリ祓いの儀式を続けることまる2日。ようやく3日目の早朝6時、起床して窓を開けると暗い夜空に星が輝くのが見えた。これは、昨日まで空を覆っていた雲が消えているということだ。よし、今日こそ出陣だ!!

おお! 朝日が昇ると、山が良く見える! 食料と水とお菓子をリュックに詰め、登山用の杖を持って宿から出ると、すぐ近くのホテルに観光バスが停まっているのが見えた。おっ、あれで山の入り口まで連れて行ってくれないかな……。聞いてみよ~っと。

早速バスに乗り込むと、オレは運転手に声をかけた。

「おはよーございます。このバスって、山まで行きますか?」

「おう、行くよ」

「僕が乗ってもいいんですかねこれ？」

「いいんじゃね？　座れば？」

「やった！　ラッキー!!」

まだ座席はガラガラだったので、オレはお言葉に甘えて適当に窓際の席に座った。するとそれからほんの2、3分後、今度は中国人の団体ツアー客さんがドカーッと乗り込んで来た。あっと言う間に満席だ。どうやら、このバスは団体さん専用のツアーバスだったようである。

一通り全員席に着くと、添乗員らしき女性が**乗客の人数を数え始めた。**

…………(汗)。

一度数えて首をかしげ、もう一度数え直すと、彼女は「おかしいアル。**1人多いアル**」と騒ぎ始めた。

……いいじゃんよーそんなの。1人少ないなら問題かもしれないけど、多いんだからいいじゃないの。**別にそんな遠くないんだから数とか気にせず山まで行けばいいじゃん!!　ツアー客のカップルが昨日の夜子どもを産んで1人増えてるのかもしれないいじゃん!!!　このバスは団体の貸し切りということは何となくわかってたけど!!　でも運転手さんもいいって言ったんだし、1人や2人の違いなんて大したことじゃないで**

しょっ!!　13億人もいるんだよ中国にはっ!!!　13億人のうちでバスの乗客が1人増えようが減ろうがそんなものは大海の一滴でしょうがっっ!!!

添乗員の女性は、それから1人ずつにツアーの参加証のようなものを提示させ、どいつがニセモノかということを調べに入った。そして、**問題の人間はあっさり特定され、オレは放り出された（号泣）**。

朝から実に悲しい時を過ごし、オレは10分ほど歩いて別の乗り場に行くと、黄山入り口までのチケットを買ってバスを待った。しかしそこにも多くの中国人観光客さんがおり、誰もが順番を守る気などなく運営側も順番を守らせる気はさらさらなく、1台バスが来てドアが開くたびに乗客が殺到して**阿鼻叫喚の争い**が始まる。

あんたら、とりあえず自分が乗ることさえできれば、マナーとか人としてのプライドとかそういうのはどうでもいいのかよ。オレはほんと同じ人間として悲しいぞっ!!　もっと諸外国から尊敬されるように、マナーを守っていこうよみんなでっ!!!

あっ、次のバスだ。**ソリャ〰〰〰ッッ（仕方なくオレも殺到）!!!**

もうしょうがないの。誰も列を作らないから、こっちも強引にいかないと永遠に乗れないんだもん（涙）。

登山口に差し掛かると乗客たちはみな一斉にロープウェー乗り場に向かい消えて行ったのだが、オレはあえて歩いて登ることにした。なぜかというと、中国人の方々はあまりにも話し声が大きすぎるからである。

例えばたまたまバスで隣りあわせた地元の方などがオレに話しかけてくる時も、たった30㎝の距離にいるにもかかわらず**絶叫系**の声量なので、「な、なに⁉　なんでこんな大きな声なのこの人⁉　も、もしかしてこの人は**オレを応援中の応援団長だろうか⁇**」と思わず勘ぐってしまうほどだ。

ということでロープウェーの密室の中で彼らが一斉に話し出したら、ロープウェーが**衝撃波で爆発↓墜落の可能性**があるため、オレは大事を取って徒歩で黄山に挑むことにしたのである。まあさすがにロープウェーで楽に登っておいて偉そうに山を語るのもどうかと思いますし。

黄山は最高地点で標高２０００ｍほど。そこまで、舗装されている坂道や石の階段をひたすら上る。

登山道に入るとそれこそ人の姿はほとんどなく、たまに売店用の物資を運ぶおじさんが力ゴを担いで通るだけ。少しずつ体内で熱気と疲労感が蓄積され、オレは進むたびに重ね着している服を1枚1枚脱いでいった。ああ……、この大自然の中で自分の一糸纏《まと》わぬ、生《なま》の姿をさらけ出すのは最高よ！　**いいわ、この開放感!!**

ちなみにこの登山道は、途中でいくつも分かれ道がある。舗装されているとはいえあまり使用された形跡のない道も多く、そのくせ案内板もたまにしか付いていないため、方向を誤ると道に迷う可能性が高い。

しかしこういう時こそ、オレが2カ月以上も中国を旅して身に付けたノウハウが物を言うのだ。

分かれ道の手前で進行方向に迷った時……、その時は、そう、**地面に落ちているツバを探すのだ!!**　業者のおっさんや他の観光客が通る道には、必ず手がかりとしてツバがあるはず。……よし、あったぞ！　うむ、これは粘度も高いし、まだ新しい。間違いなくこっちの道だ！　**って気持ち悪いんだよっっっっ!!!**

……でも、**実際にこの方法である程度の進路がわかってしまうというのが悲しすぎる（涙）**。中国人のツバを頼りに自分の進路を決めるくらいだったら、むしろ遭難した方がマシじゃないか??　※そんなことはありません

リュックからパンを出しかじりながらヒーヒー、ヒーコラ、ヒーコラ、バヒンバヒン!!

足が……ああ足が……（号泣）、と嘆き、でも結構登って来たぞ。出発してから、2時間ずっと階段を上りっぱなしだ。

徐々に景色は天下第一の山水画の世界に近づいて来ているが、しかし高度が高くなるほど道は狭く険しくなる。

と思ったらそれからすぐ登山道は広くなり、ロープウェーで登ってきた大観光ツアー軍団の面々が次から次へと合流して来た。なにしろ久しぶりの晴天であるので、上から下から怒濤のように人民の波が押し寄せてくる。

頂上に向けて階段を上ろうとしたら上から団体客がジャンジャン来たので脇に避《よ》けて待っていると、オレのすぐ後ろの中国人観光客は「おい立ち止まるなよ！　さっさと上れ！」と急《せ》かしてくる。仕方がないので進もうとすると今度は下りて来る団体客が「待ておまえっ!!こんな狭いんだからオレたちが下りるまでそこで待てよ!!」と文句をつけてくる。もう、**なんなんですか～いったい。僕はロープウェーで来たあなたたちと違って疲れてるんですからっ!!!　そういう低俗な争いに巻き込まないでよっ（涙）!!!**

だいたい、彼らの格好を見ると、男性はほとんどが**スーツ姿**である。

ねえ、どうして雲海を見られるほどの高さの山に登るのにスーツなんですか？　**山をなめ過ぎじゃないですかっっ!!!　ジャージくらい持ってないのっ!!!**

そしてそこで寝っ転がってるあんたら‼　あんたらは別の意味で山をナメ過ぎじゃっっ!!!　もうちょっと天下第一の奇山に対する敬意を払わんかっっ!!!

さてさて、とはいえ最高地点まで登頂しいくつかあるビューポイントに臨むと、過去に見たどんな風景とも違う東洋ならではの美しい景色が、次々と目の前に現れた。

黄山は、山全体に松の木が繋っていてすごく趣きがある。

これまで遠い外国で見て来た山や谷の景色と違い、自分が子どもの頃から親しんでいる、日本にもある自然の風景がうまく世界遺産の中に調和している姿。視覚的なアピールと同時に、

思い出や懐かしさのようなものが自分の内面からも迫って来る、二重三重の感動があるんだ今オレの前にあるこの絶景には。

雲海と和風（中華風）の山々が折り重なる姿はそれこそ天下第一の奇山、黄山を見ずして山を語るなかれと言われるのもよくわかる。

この風景は、本当にオレが毎日パソコンの画面を見続けている我が杉並区の安アパートと同じ地球上の風景なのだろうか。

普段暮らしている東京の街並み、そしてそれとはあまりにも違うこの黄山の景色が両方とも同じひとつの球の上に乗っているのならば、地球は広過ぎるしそもそもそんな地球というものすらどこか現実ではない、空想の中の作品ではないかという気がしてくるなあ。

キャ————————ッッ（絶景を前に高ぶる気持ち）!!!

やはり、中国の底力は凄い。こんなものを見せられ「どうだ！　中国だぞ！」と言われたら、もう「ははー！」とひれ伏すしかないような、逆らえない大きな力を感じてしまう。

この黄山観光を境に、オレの中国へのイメージは180度変わった。

この日から、どんなに中国や中国の人々に理不尽な扱いを受けようとも、どんなに不衛生な環境に置かれようとも、もはやオレは声を荒らげることもなく、少しの怒りも見せることはなくなったのである。

思えばこれまでオレが書いて来た旅行記は、**時代がそうさせたとはいえ、**とにかくひた

すら愚痴や文句ばかり、文字を大きくしたり「(号泣)」や「!!!」を連発しては下品に叫ぶ、それはひどい内容のものであった。文章の中に連綿と連なる悪口や恨みつらみを見て、**人はオレを「歩く学校裏サイト」と呼んだという。**

だが、それももうここで終わりにしよう。そろそろ、大人になろうじゃないか。邪道から抜け出して、身なりを整えこれからは正統派の文章を綴《つづ》ろうじゃないか。

さあ、それでは始まります。いよいよ次の章からが、さくら剛の中国旅行記第２部です。苦しみや愚痴や叫びの消えた、生まれ変わったさくら剛による美しい紀行文を、どうぞ存分にお楽しみください!!

ウソです（だろうな）。

14　合肥新城の戦い

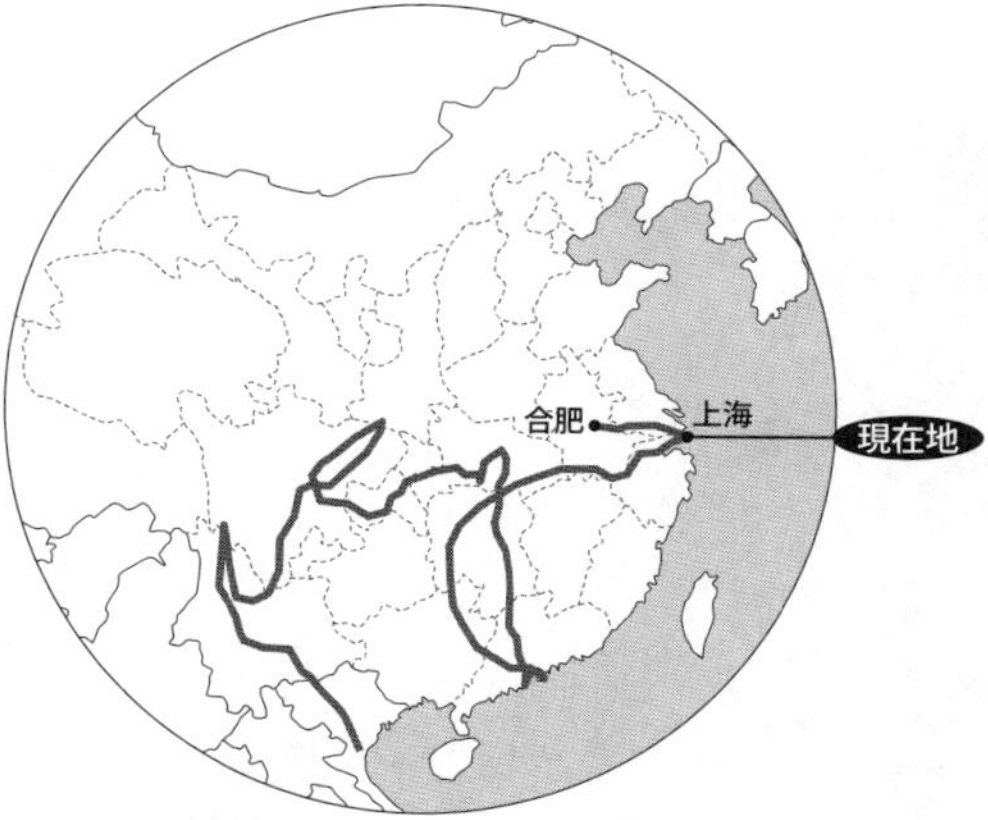

黄山で中国の大自然の力を目《ま》の当たりにするとともに、登山によって肉体を酷使したため両手両足と背骨と頭蓋骨を骨折したオレは、上海で気功の治療を受けてから、西隣の都市・無《む》錫《しゃく》へフルーツ飴を舐めながら落ち延びた。

下の写真、白黒に見えて本当はカラフルな串刺し連隊が、中国名物フルーツ飴である。

疲れた体そして折れた骨には甘い物がてきめんであるので、オレは出店を見かけるたびにこのフルーツ飴を買っていた。

街を歩きながらみかんやパイナップルやキーウィが飴でコーティングされた串フルーツ飴をしゃぶっていると、なんといっても**口の周りがねっちょんねっちょんになる。**ネッチョネチョの、**ギットギト。**上海も無錫も大都会とはいえ、「1日1ネチョン」という中国の風

習はかたくなに守られている。

これだけネチョネチョの飴が露店に露骨に陳列されていると、**露店に露骨に陳列されているいると**（声に出すと卑猥な日本語）、なんだかとりもちや蠅取り紙のように空中から色々と汚いものを取り込んでいるのではないかと心配になってしまうが、そのくらいは中国にいる以上我慢しないといけない。

特に中国の安食堂では、髪の毛や**なんだかわからない虫の部品**などが料理に入っていることは日常の風景であるので、あまり神経質にならずに「中国では2本足のものは親以外、4本足のものは椅子以外なんでも食べるんだ。だから、**この髪の毛やゴキちゃんの足みたいなものは調理師免許を持つ一流の料理人によって意図的に入れられた正式な食材なんだっ（涙）!!**」と自分を説得し励まして淡々と箸を進めなければいけないのだ。**少しでも疑った瞬間に心がやられて腹を壊すことになるから、命がけで食材だと信じ込まなければいけないのだ。**

そもそも、日本人のようにあまり普段から清潔にし過ぎているのも、免疫力が落ちて良くないと思うのだ。

例えば、お腹が空いて動けない時にアンパンマンから「大丈夫？　これを食べなよ！」と顔を差し出されても、免疫力が弱ければそれで食あたりしてしまうかもしれないのである。

アンパンマンの顔なんて製造年月日もわからず包装すらされていない上に、なんといってもほぼ毎週バイキン（マン）と絡んでいるのである。かなりの確率で病原性大腸菌が繁殖しているだろうから、インド人や中国人なみの胃腸を持っていないとまず間違いなく食中毒になるだろう。

というこどで衛生面はさておいて、一心不乱にフルーツ飴を舐め倒すと口の周りはベットンベットンになり、さらにそれを手の甲で拭うとネチョン地獄は顔中に広がるし腕までもねっちょんねっちょんし始めるし、**もっとサラサラできんのかおまえはっっ!!! これじゃあ通りすがりのハエが全部オレの体に捕らわれてしまうだろうがっ!!!**

そんな辛いこと（ねっちょりなこと）を忘れるために、オレは無錫の名所である三国志をテーマにした広場・三国城と、水滸伝をテーマにした広場・水滸城にやって来た。かつてはテーマパークを目指そうとしていたという心意気の欠片《かけら》のようなものは見られるが、兵《つわもの》どもが夢の跡で現在はほとんど打ち捨てられた状態なので、「テーマパーク」ではなく「広場」と呼んでいる（オレが）。

いや〜それにしても、**暗いなあ。**

そもそも入園したのがティータイム頃のだいぶ遅い時間であったのだが、閉園時間が18時過ぎのこの水滸城、現在17時で既に写真の通り過疎化の廃墟である。雪まで降って来た。

何を隠そうオレがベトナムから中国に入国したのは8月の頭だが、雲南省から四川省、長江を下って荊州から香港に渡り、桂林黄山上海を経由して本日は、既に10月の末なのである。

もういいや。寒いし暗いし、帰るとするか。人がいないテーマパークっていうのは、怖いんだよ。

ということでオレは水滸城を出て入り口前のバス停に向かった。そもそもよく考えたら、水滸伝なんて読んだことないんだよねオレ。なんでこんな水滸伝のストーリーも知らないような奴を、平気で水滸城に入場させるんだよ。そのくらいチケットを売る時に厳しく確認したらどうなんだオイっ。

しかし、寒いぞ。早くバス来ておくれ。早く駅に着かないとどんどんスケジュールが押すだろ。おいーもう寒くて暗くて恐いんだよー。早く来いっ!! **なんでこんなに人を待たせても平気なんだよっ!!　B型かおまえはっ!!!**

おや？　なんか、グレーのくたびれたミニバンがオレの前で停まり、運転席の窓が開いておばちゃんが顔を出したよ？　出したよ顔を運転席の窓が開いておばちゃんが？

「アンタ。火車站（駅）まで行くんだろ？　50元でアタシが乗せて行ってやるだ」

「そういうあんたは無許可営業のタクシーつまり白タクだなっ。うるさいなあ。オレは市バスで帰るんだよ。ウォーチュイチーチョー（我去汽車）!!　これだと直訳すると『私はバスに行く』だけど（「バスで」という表現は知らんから）、ニュアンスは通じるでしょ。ウォーチュイチーチョー!!」

「チーチョー？　メイヨーチーチョー（バスはないアルよ）」

「メイヨーじゃないんだよっ!!!　あるんだよっっ!!　オレは本日たった数時間前に駅からそのバスに乗ってここまで来たんだ!!!　そんなネチョネチョしていそうな車に50元も払って乗れるかよっ。バスなら2元なんだ。チュイチーチョー!!　ウォーチュイチーチヨー!!」

「メイヨーチーチョー」

「じゃかましいっ!!! ウォーチュイチーチョー!! チュイチーチョー――!! っていうか、**『チュイチーチョー』なんて言葉を何回も言わせるんじゃねえよオレにっっ!!! 恥ずかしいだろうがっ!!! 若く見えるかもしれないけど、オレより年下のいとこは結婚して子どもまで生まれてるんだぞっ!! そんな『つよしおじさん』と呼ばれるオレが恥を忍んで『ちゅいちーちょー』ってチッチョリーナみたいな情けない発音を何度もしてるんだぞっ!!! マナーとしていい加減理解してくれよっっ!!!」**

「だからチーチョーはもうないアル」

「ウォーチュイチーチョー」

「メイヨーチーチョー。もう今日のバスは終わり」

「あのね、これらのテーマパークの閉園時間は18時なの。今はまだ17時半でしょ? 閉園前に最終便が出てしまうテーマパーク発の市バスがありますか?? **その手には乗らないわよこのウソつきっ!!**」

「ないアル。バスはもうないアル。ないアル。ないアルないアル」

「うるさいっっ!!　あ〜もうほら、いいか？　バス停に書かれているこの時刻表を見てみろよっ。最終のバスは午後5時発になってるだろ？　そして今の時間を腕時計で確認してみると、間違いなく5時半だ。ほらみろ、バスは**もうないアルっ（涙）!!!　ないアル!!　ないアルないアルないアルないアルひょんげーー（号泣）!!**」

「だからないアルと言ったのに。さあ乗るアルよ」

「あの……、ちょびっとだけまけてもらえませんか（涙）？」

「40元。これ以上はマカランあるよ」

「はいじゃあそれでお願いします……。でもバスが5時で終わるなら、閉園時間を4時半にするべきじゃないですか無錫の広場のみなさん……（涙）」

オレは散財した。**この街は嫌いだ。**

到着後、駅すぐ横の長途汽車站から長距離バスで暗闇を走り、オレは次の都市・合肥《がっぴ》へ移動した。悔しさに打ち震えながら。

さて、一晩泣き明かしたらすっきりしたので（泣いてばかりいる私）、気持ちを切り替えてこの合肥でオレはとても行ってみたいところがある。それは、「合肥新城遺址」だ。

いったい何のことやらというと、合肥新城遺址というのはゲーム「三國無双」シリーズで戦場になっている、「合肥新城」というお城の跡地なのだ。オレはかつてその合肥新城のステージでわんさかと溢れ来る敵兵を斬りまくり、何度も君主から「おまえこそ真の三國無双よ！」と、その桁外れの武力を讃えられたものである。

あの時はあまりにも集中して画面を見つめ過ぎて眼精疲労になり**両目ともに血が出そうなくらいの激痛に襲われたが（頭痛も併発）、**しかし味方キャラクターが敵の襲撃に遭っているのに目が痛いなどと言っている場合ではない。オレが助けなければ、彼らは貴い命を戦場に散らせてしまうのだ。そうやってオレは今までずっと自分を犠牲にして仲間を救ってきたし、これから先もそんな風に生きていくと思う。

てかゲームの中だけじゃなくてもちろん本当にそういう城があったの1800年前の、三国志の時代に。

というようにオレとは非常に関係の深い合肥新城の跡地がこの合肥市内にあるというのなら、それは行かずにいられまい。自分が命を懸けて守った土地が現在どのようになっているか、是非とも確認しておきたいのだ。

ところがその合肥新城遺址であるが、「そういうものが合肥市にあるらしい」という噂が流れている程度であり、持っているヒントはどこかの文献に書かれていた（とネットで発見したページに書いてあった）「街西15㎞　合肥市街鶏鳴山東麓」という文字情報だけだ。

しかし、難しくともまずはやってみるということは何においても大事である。「どうせダメだろう」「恥ずかしい」「面倒くさい」という理由でチャレンジの機会を素通りするのは、自分で人生をつまらなくするようなものだ。**挑戦のない人生なんて、女性参加者が1人もいない王様ゲームみたいなものさ。**……わかるこのたとえ？　つまり、要するにオレが言いたいのは、**やっぱり人生は女の子がいてこそ楽しくなるものだということよ。**大事だよ女の子は。挑戦以上に。

まずオレは宿の部屋で紙きれに、持っている情報をそのまま「合肥新城遺址　街西15㎞在合肥市街鶏鳴山東麓」と書いた。そして午後の曇り空の下に駆け出すと、汽車站の雨で濡れたコンクリートの床で**滑ってコケた（号泣）**。しかしすぐに泣き止むと、そのまま入り口にたむろっているタクシーおよび三輪タクシーの運転手たちにメモを見せ、聞き込みを始めた。

「すいません、この合肥新城遺址って知ってますか？」

「プーチータオ（知らんがな）」

「あのー、そちらのお方は知ってますか？」

「プーチータオ（知らないざんす）」

「では、あなたさまは……」

「プーチータオ（知らんなあ）」

誰も知らないぞっ。

それじゃあ、そろそろ**諦めようかな……**。

だってさー、現地のタクシーの運転手がこれだけ揃って知らないなら、辿り着ける可能性なんかないじゃん？　ダメなんじゃん？　無理そうじゃん？　じゃんじゃんじゃん？

でも、せっかくメモも作ったことだしな〜と、そのまま少しヒアリングを続けてみるとやはり合肥新城のことを知る者は誰もいないのだが、5人目くらいの運転手さんに聞いている時に「どうした？　どこに行きたいんだ？」と、横から別の見知らぬおじさんが割り込んで来た。

「あっ、どうも見知らぬおじさん。ここです。合肥新城遺址。知ってますか？」

「う〜ん。知らんな……」

結局知らないのね。大体この人たちは、合肥新城遺址がどこにあるのかを知らないだけでなく、**合肥新城というものの存在自体を知らない**のだ。

どういうこと？　なんであなたたち合肥に住んでいるのに合肥新城を知らないの⁇　**ほら、オレが槍を手に縦横無尽に暴れ回ってあんたらの先祖を助けたとこだよ‼　1800年前に‼　静岡県浜松市出身のオレが知ってるのになんで合肥市の市民が**

合肥新城を知らないんだ‼　もっとちゃんとしろよっ‼　恩人がこうして訪ねて来てるんだぞっっ‼!

「おじさん、他の人に聞いてみますから、その紙返してもらっていいですか？」

「待て待て。オレが聞いてやるからよ」

今しがた登場した見知らぬおじさんは、メモを持ったまま付近にたむろしている各種運転手軍団の中に飛び込み、オレの代わりに聞き込みをしてくれた。次から次へ聞き込みまくってくれている。良い人だなあ。

こうやって旅先で誰かに助けてもらえると、嬉しいしその国のことを見直すし何かしらいい気持ちになるもんだ。こんなことだけでも、合肥新城を「探してみよう」と思って行動して良かったと言える。たとえ目的は達成できなくとも、行動したことでひとついい気分になれたのだから。

最終的に、バスターミナルで客待ちをしているタクシーの運転手、**全員が知らない**という結果に落ち着いたようだ。見知らぬおじさんは携帯でどこかに電話してまで聞いてくれていたが、それでも合肥新城遺址というものが存在するのかどうかすら不明なのである。

いや、一応、合肥新城がかつてこの付近にあったということだけは間違いないのだ。だって、実際にオレがその場所で散々に敵を斬り倒しているのだから。あの記憶は絶対に夢なんかじゃないと、オレは断言できる。

しかし、反面たしかにその跡地が現在も跡地と認識されて残っているのかはわからない。男たちが命を賭けて奪い合った古代の城跡も、もしかしたら今は公衆便所になって、毎日何百人もの市民がドアなしトイレでニーハオニーハオ言いながら尻を出せば誰もが朋友、尻出しねっちょ～んと排泄姿を見せ合う憩いの場に変わっているのかもしれない。ってそんなことを考えるのは**合肥新城に対して失礼だ**。

でも、ないものはないのだよ……。

「見知らぬおじさん、ありがとうございます。謝々。もうそこまでしていただいたら悔いはありません。納得して諦めますから。もう大丈夫です」

「ちょっと待てって。もうちょっと聞いてやるから！」

「…………」

なんか凄い根性だなこの人。今やオレよりムキになっている。人への親切にここまで本気になれるなんて、**素敵やん**。

見知らぬおじさんはさらに聞き込みを続け玉砕してくれている。さすがにこれは申し訳ない。

「見知らぬおじさん。こんな小さな情報だけでチャレンジしようとした僕が間違っていました。もう本当に大丈夫です。おじさんには感謝しています。でも、諦めますから」

「ウ〜〜〜」

「おおっ。い、いや、満足しましたよ僕は。おじさんの心遣いだけで十分……」

「50元！」

「え？」

「50元で行ってやる！　いいか？」

「なんですかいきなり。見知らぬおじさん、あなたはいったい何をおっしゃっているのやら」

「ほら、乗れよ。こっちだ」

見知らぬおじさんが乗れよと指し示したのは、中国の田舎でよく見かけるタクシー用の赤い小型バイク（125cc）であった。近所の親切な人だと思っていたけど、おじさん実は普通にバイクタクシーの人だったんですね……。

「見知らぬおじさん、別に近所の人だろうとバイタクの人だろうと親切は変わらずありがたいですけどね、でも乗ってどうするんですか」

「そこに行ってやるから。50元でいいな？」

「50元はいいんだけど、あなた場所知ってるんですか？」

「ウ――。**チータオ（知ってる）。ウォーチータオ（オレは知ってるぞ）！**」

「ウソをつけっっ!!! そんなわかりやすいウソを聞いたのも久しぶりなんだよっっ!! オレはこの街のことはなんも知らんが、あんたが合肥新城遺址の場所を知らないということだけはよく知っているっ!!! 今あんたオレの目の前で聞き込みして、半径100mにいる人間が誰1人として知らなかったじゃないかっっ!!!」

「他の奴が知らなくても、オレは知ってるんだっ」

「うん、でもね、**知ってるなら最初から聞き込みする必要ないよね？ あなた、絶対1000万％の確率で知らないよね？**」

「チータオッ!! ウォーチータオ!! 知ってるから、乗れって!!!」（ウォーチータオ＝我知道＝私は知っている）

「…………」

なぜだかわからないが、オレは見知らぬおじさんの勢いに押されて、よくわからないが、バイクタクシーの見知らぬおじさんの後ろに乗り、なんだかわからないが、見知らぬおじさんに50元で行ってもらうことになった（どこへ？）。

まあ今の時点では、可能性を持っているのはこの見知らぬおじさんだけだしな。彼以外の他の運転手は、オレの目的地を探そうという意欲も持っていないのだから。

見知らぬおじさんに強引にバイクに乗せられ、50元の契約で走り出したはいいが、雨が降って来た(涙)。小雨の中、冷たく濡れながら、現地のタクシー運転手も誰一人として知らない1800年前の城の跡地を目指して見知らぬおじさんと共にさ迷う私。

情報は、オレがバスチケットの裏に走り書きした「合肥新城遺址　街西15㎞　在合肥市街鶏鳴山東麓」というたった×文字の漢字だけだ。※数えるのが面倒くさいので×文字としました。各自で数えてみてね!

とりあえず現在は西に進んでいる。合肥の中心部はとうに抜け、民家の数も減り空地が目立つようになってきた。見知らぬおじさんはいったいどこに向かっているのだろうか? おそらくは、オレの書いた「街西15㎞」という情報に基づいて、**闇雲に走っているに違いない。**

そのまましばらくまっすぐ進んでいたが、次の交差点で見知らぬおじさんは冷静に左折した。今度は南へ向かっている。あれ……、こんなに自信満々に四つ角を曲がるなんて、もしかして、本当に知っているの? 期待していいのかしら? 実は全てをわかっているのかし

らこの見知らぬおじさんは。見知らぬおじさんは、**見知るおじさんなのかしら⁇**

おもむろに田舎の道端でバイクを停めると、見知らぬおじさんは「なあ、さっきの紙切れを貸してくれ」と言ってオレからメモを奪い、そこらへんの民家に**闇雲に聞き込みに行った。**

やっぱり、**知らないのねあんた……**。

写真はオレのメモを見ながら真剣に話し合い中の、道端のおじいさんと嫁さんと見知らぬおじさん。

もちろん、聞き込みの成果はあがらなかった。あっどうも民家の方お手間おかけしました。

再びバイクに跨り発進すると今度は北西へ。しばらく幹線道路を西へ走り、途中で右折して

次に北方の農村へ進入。畑を耕していたおばあさんや庭先でタバコをふかしている村のご意見番に「おい、さっきのメモを！」とオレから紙を受け取っては道を尋ねるが、いずれも「そんなの知ら〜ん」と言われ不発。

というか、おかしいよなこれ。だって、汽車站を出る時「おじさん、場所知ってるんですか？」と聞いたら間違いなく「知ってるぞ!!」と答えたもんねあなた。知っていると断言しましたよね。

度重なる聞き込みが上手く行かず、難しい顔をしている見知らぬおじさんにオレはまた尋ねた。

「見知らぬおじさん、改めて聞きますがね、おじさんあなた、合肥新城遺址の場所知ってるんですか？　チータオマ？」　※「チータオ＝知っている」に「マ？」をつけると疑問文になるのだ

「ウウ――。チ、チータオ！　チータオ（汗）!!」

「我々は出口のない雨の迷宮に共に突入しているんじゃあないですかね。落としどころを間違えると、僕が収まりませんよ。ずぶ濡れで1日走り回って『やっぱりないみたいアルね』とかいうエンディングになったら**大暴れしますよ僕は**」

「チータオ!!　知っているって言ってるだろ！　心配するな!!」

ねえねえ、なんなのこの自信？　どうしてこの人は自分のウソが完全にばれているということを自分で良くわかっているのにまだウソをつき続けられるの⁇

こうなったら、見知らぬおじさんとはもうそれなりに見知って来たことだし、最初からずっとチータオチータオと繰り返しているということで彼のことはこれから「チータオおじさん」と呼ぼう。略してチータオさんとも**呼んじゃうよ。**

そのままバイクで引き続きずんずん泥だらけの農道を北上。タイヤで跳ね上げられるねっちょりした泥が、**ねっちょちょねちょちょ〜ん**とオレの靴やズボンに降りかかる。雨の泥道を20分も走ると、オレはびしょ濡れ泥濡れになった。チータオおじさんはヘルメットもかぶっているし、途中で停まってオレを差し置いてカッパを着ていたためかなり無事だ。テメエ……。

農道の交差点に村のおじいさんが集《つど》っていたので、バイクを停車させまたチータオさんが情報収集に走る。もうオレの書いたメモも濡れてしなしなである。**支那だけにしなしなである。**

…………………。

おもしろいダジャレでオチが付いたところでもう帰るぞっ!!!　やってられるかバカヤローーー!!!

なんだか集うおじいさんとは話が盛り上がっていたようだが、もはやオレの心は決まった。

チータオおじさんが戻って来ると、オレは言った。

「もういいよ。寒いし、濡れるし、泥は跳ねるしネチョネチョだし。汽車站へ、帰りましょう」

「なんだって？　まだ城は見つかっていないじゃないか」

「見つからなくてもいいのっ!!!　帰らせてっ！　戻らせてっ!!　屋根の下で温かいプーアル茶を飲ませてっっ（泣）!!!」

「でも、いま集うじいさんから新しい談話が入って来たんだぜ」

「なにをこのっ！」

「なんかあっちの山の方にあるらしい。あっち。あっち」

「あるの？　合肥新城遺址？」

「あっちにな。でも遠いんだよ。ユェン（遠）。とってもユェン。だから、１００元でどうだ？　全部で１００元」

「**ガウウウッ!!　バウウウワウウッッ!!!**　そりゃ行けるなら行きたいけどさっ。このまま戻って50元払うよりは、１００元で合肥新城遺址に行けた方がいいけどさっっ。ていうか、このまま戻ったとしてもオレ金払わなきゃいけないの？　**違うだろ。オレ、大暴**

れだろ」

「行くか？　ここまで来たんだから」

「ああ100元出そうじゃないか。キミの言葉を信じて。でもそれで辿り着けなかったら、大変だよ？　**オレ、怒ると西太后より恐いよ??**」

仕方ない。ここまで来たら、行ける所まで行くしかない。オレが中国の合肥市に来て合肥新城遺址を探す機会なんて、一生のうちで今日だけだ。可能性を残して諦めるわけにはいかない。

「じゃあ頼むよ。行ってくれ」

「よし。そうだ、おまえだいぶ濡れているな。ヘルメットかぶるか？　もうひとつあるから」

「かぶる。今まで1時間以上ノーヘルだったということが安全面からして問題だと思うよ僕は」

ヘルメットがもうひとつあるなら、**最初から出さんかいワレ**。

座席の下から出て来た年季の入った予備メットをかぶると、再度オレたちは田舎道を走り出したのだが深くヘルメットをかぶってしばらく経つと**頭が痒《かゆ》くてたまらなくなった**。

おおお……、代々蓄積された中国人民のギットギトの頭の油が……老廃物が……オレの頭髪に一斉に襲い掛かっている……(涙)。腐《フ》チョ～ン。

今度は農村を東へやや後戻りするように走り、陥没している農道を水溜まりに突入し濡れながら進む。

ただ、濡れながらといっても雨はまだ自然の悪さだからいいが、もっと困るのは**人災**である。人災とは何かと言うと……、それは例に漏れずチータオさんの**ツバ攻撃**である。

オレの前でバイクを運転している彼は、走りながら右に左にツバを吐きまくっているのだが、そのツバはすぐ後ろに密着しているオレの膝先3㎝をかすめてネチョーンと飛んで行くのである。オレは途中からじっとしていることが我慢ならなくなり、ツバがネチョンと吐かれるたびに体を左右に傾けて攻撃を避け始めたら、走行中のバイクはバランスが崩れて非常に不安定な走行になった。

時々メットを脱いで頭をかきむしりながら農道を乗り切ると、またもや広い舗装道路に出た。道沿いにあった公衆電話屋の前で停まると、チータオさんはどこかへ電話をかけて問い合わせをしている。これはもう、駄目押しの聞き込みだ。これで遂にわかったんじゃないか？

「ねえ、今度こそわかったの？　合肥新城遺址、チータオマ⁇」

「チ〜〜〜タオッ‼」

「おおっ、その自信‼　頼もしいっ‼　それでこそあなたに付いて来た甲斐があっ

たというものです!!」

そして……。

重ね重ね走り始めてまた10分後。オレたちは………。

田舎の農道を走りながら、**今までと同じように途中停車して聞き込みを繰り返していた。**やってることは、出発した頃と全然変わっていない。少し走って聞き込み、少し走って聞き込み。何やってんだ(涙)。

またもや聞き込みから帰って来たチータオさんを、オレは責めた。

「ちょっとねえ!! やっぱり全然わかってないじゃんか!!! つい今しがた『知ってる』って言ったじゃんかよあんたっっ!!!」

「だーーーっ、チータオ!! 知ってる!! オレは知ってるんだっっ!!!」

「ニープーチータオ(キミは知らないのだ)!!! 知らないっ!! あんたは知らないんだよっっ!!!」

「チータオ!! ウォーチータオッ!! 知っていると言ったら知っているんだっ!!!」

「なんであんたはそんなに正々堂々とやましい感じも一切なくウソをつけるんだよっっ!!! 間違いなく断じて2000%の確率で知ら

んくせにっっ!!!」

「チータオ!!　チータオと言ったらチータオ!!!」

もはやこの頃になると、チータオさんも**若干壊れつつあった。**オレの抗議をいなすように向こうを向いて「チータオ!」と叫びバイクに乗ると、そのまま「チータオチータオチータオラ〜**ア〜〜〜♪**」と**「チータオの歌」を即興で作詞作曲して歌い出す始末である。**

ううっ、さむい……。私に誰か、**屋根をください(号泣)**。

街の北には湖があり、その湖をまっぷたつに割るように中央に1本道路が走っている。晴れた日には気分爽快だろうが、**疲労の溜まった小雨の初冬に合肥新城遺址を2時間近く探しても見つからないという状態で**その湖の道路をバイクで突っ切ると、気分は絶望である。

湖の北の村でも商店や床屋や民家に立ち寄って、しなしなのメモを見せて聞き込みを重ねる。たった今もチータオさんは民家のおじいさんにヤケになりながら道を尋ねており、見ると、おじいさんは「この道をまっすぐ行って、何本目の角を左に曲がって……」と丁寧に説明してくれているようだ。田舎の人は優しいんだなあ。

でももう……、イヤだ。もう帰ろう……。

チータオさんが戻って来た。

「おい。場所がわかったぞ」

「そうですか。でももういいです。あなたも私も限界です。**あなたも私もゲ〜ンカ〜イ（「あなたはアジアのパピヨ〜ン」のメロディーで）♪」**

「わかったんだって。この、メモのものがある場所がわかったんだよ」

「メモのものじゃないだろっ‼　失礼な‼　ちゃんと『合肥新城遺址』という立派な名前があるんだぞっ‼」

「それそれ。ようやくわかったんだ！」

「わかったの。ああそう。わかったんだ。わかったのはわかったから、もう帰ろう。**あなたはアジアのペ〜プヤ〜ン♪　えええっっっ‼　わかったのかいっっっ‼」**

「そうだ。もうすぐそこだぞ‼」

「と、いうことはもしかして……。今一度、聞きます。あなた……、合肥新城遺址、チータオマ？」

「チータオッ‼　ウォーチータオ（勝ち誇りのチータオ）‼」

「きゃ————っっ‼　チータオさんステキ‼　行きましょう！　チータオのところに行きましょううっ‼」

　興奮の渦の中で民家のおじいさんに謝々言ってさらに5分ほどヨレヨレ道を突っ走ると、数本目の小さな曲がり角でチータオさんは一旦停止した。そして前方頭上を指さしながら言った。

「見ろ〜〜〜っ‼　あの看板を〜〜〜っっ‼」

「なになに、『左前方、三国新城遺址』……。**うおおおおおお〜〜〜っっっっっ‼」**

「ヘイヨ〜〜〜〜〜〜〜〜〜ッッッッ‼」

　間違いない。これだ。名前は少し違うが、三国新城の「三国」は合肥新城の戦いが行われた時代すなわち、「三国志」から来ているに違いない。

　来ちゃった。**来ちゃいましたよっっ‼　アチャー‼　オチャー‼　げんまい茶っ（謎のテンション）‼　**さあ、チータオさん、行ってくれ！　**行ってちょんまげ‼**　最後の走り、ウィニングランだ‼

　左に曲がるとすぐ前方に大きな石の門が登場した。バイクでそのまま門の中へ突入。正確にはここは「三国遺址公園」という名称らしい。石門が備えられているということはちゃんとこの場所は古戦場として認識されているということだが、ただその中、門の向こうは未整備で完全な荒れ地である。この市内からの距離と、門以外は荒れ放題で何もないという存在の薄さが知名度の低さ（低いというより誰も知らない）に繋がっているのだろう。

しかしそんな荒れ地にも入り口付近の詰め所には5人ほど地元住民の方がおり、バイクで登場した謎の来訪者を見かけると我先にとぞろぞろ集って来た。

オレはチータオさんから阿吽《あうん》の呼吸で例のメモを受け取り、自らの手で最後の聞き込みをすることにした。濡れて霞んだ紙の切れ端、「合肥新城遺址」の文字を集ったおじちゃんおばちゃんに見せる。

「ニーハオ。合肥新城遺址、チータオマ??」

「そりゃ、（地面を指さしながら）ここのことアルよ」

「…………」

「おまえ、何しに来たアルか?」

「ぎゅおおおおお〜〜〜っっっ（号泣）!!!」

「ヘイヨ〜〜〜〜〜〜〜〜〜ッッッ!!!」

チータオさんは、まさに体全体で**「どうだっ、見たかっっ!!!」**と叫んでいるような会心の表情である。凄い。この人は、ウソを本当にしてしまった。オレなんかもう汽車站に帰って**100元札を投げつけながらおじさんの首を全力で絞める用意をしていたのに。**

これが遂に辿り着いた合肥新城遺址。

何もない。しかし何かがある観光地よりも、オレはずっと感動している。ゲーム「三國無双」の中でオレが**目と肩と首の健康と指の皮膚を犠牲にして味方の軍を救い何千人もの敵兵を斬りまくったのが、**まさに今オレが立っている、1800年前のこの場所なのだ。満寵という武将が守ってたのねここを。

……………。

さて。それじゃ、**帰りますか。**

チータオさんはもうバイクに乗ってスタンバイしていたので、記念に1枚写真を撮らせてもらうことにした。この「雨ガッパでバイクを運転するチータオさん」の画を、今日の思い出として押さえさせてもらおう。

「チータオさん、写真撮りますよ。いいですね?」

「なにっ、ちょっと待った!!」

オレがカメラを構えて声をかけると、チータオさんは突然バイクを降り、ヘルメットとカッパを脱いで門の前に移動し、スーツと髪を整えるときりっと立って身構えた。

「よし、いいぞ。撮ってくれ」

「なんかこだわりがあるんですねチータオさんなりに……。じゃあカシャリ」

下の写真が合肥の突貫小僧・チータオさん

ということで、オレたちは帰路に着いた。

街が薄暗くなってきた18時少し前に汽車站へ帰還。チータオさんが「ガソリン代とかあるからさ、あと50元くらい上乗せしてくれない?」とねだってきたという事実は**彼**

の名誉のために強く秘することとして、オレは約束の100元に、彼の熱意への感謝の20元を追加して支払った。そして、ガッシリと握手を交わして、チータオさんは他の運転手の輪へ、オレは宿へと戻ったのだった。

今日は、実に達成感のある1日だった。

目的を果たすことができたのは、ひとえにチータオさん（本名不明）の執念のおかげである。

彼は、たしかに最初は合肥新城の場所を知らなかった。しかし、チータオチータオと断言し続けることによって、自ら自分を追い込んだのだ。他の運転手は初めから諦めていた。しかしチータオさんは、行けると信じ言葉にし行動することによって、見事に今日の報酬を得たのである。これこそどんな世界でも、どの社会でも当てはまる、成功する者、目標を摑める者とそうでない者の違いではないか。

オレは今日の捜索で遺跡発見の感動を得た。しかし、もうひとつとても大きなものを、チータオさんから学んだような気がするのであった。

15　嵩山武道寺の誘惑

夜中の12時過ぎ。合肥から徐州を経て到着した河南省の省都・鄭州《ていしゅう》駅前の中級ホテルで、オレは蓄積された疲労とねっちょり感のせいで深い眠りに落ちていた。

鄭州は大都市すぎて安宿がなく、オレは**未来の自分の子どもの養育費を半分にする覚悟で**大枚はたいて豪華中級ホテルのシングルルームを取ったのだ（自分の生活費は決して削りません）。

こんないい部屋に泊まったからには、もはや明日の朝までオレの眠りを妨げるものは何一つないだろう。同居人のいびきにも共同トイレの恐怖にも悩まされず、今夜こそはぐっすりと眠ることができるのである。**プルルルルル　プルルルルル　プルルルルル　プルルルルル　プルルルルル　プルルルルル　プルルルルル**

ガチャ

「うるさいんだよっっ!!! なんだっ!! こんな夜中に客を起こしてどんな重要な用事があるんだっっ!! 日清戦争の仕返しかコラっっ!! そっちがその気ならこっちだって元寇の奇跡のカミカゼをもう一度見せてやるぞワレっっ!!!」

「ニーヤオプヤオアンマ（按摩《あんま》はどうですか）？」

「そういうのいらんから。今はただ穏やかに寝かせて欲しい。プーヤオ（不要）」

「そうですか。わかりました」　ガチャ

……………。

「按摩」といえば基本的には日本と同じくマッサージのことだが、夜ホテルの部屋で勧められる按摩はもちろん本来とは別の意味がある。当然、そのような淫らな夜の按摩を頼むようなことはオレは決してしない。だってそんなことしたら、**この旅行記を映画化する時にR-18指定が付いてしまうだろっ!!　それだけで観客動員数にすごく影響するんだから!!!**　※主演・さくら剛役＝本仮屋ユイカ

電話越しに激しく説教をして邪魔者を駆逐したオレは、いよいよ本腰を入れて爆睡体勢に入ることにした。ああ、結局中級ホテルで眠りにつくのも一苦労だったぜ……やれやれ……。

プルルルルル　プルルルルル　プルルルルル　プルルルルル　プルルルルル　プルルルルル　プルルルルル　プルルルルル

ガチャ

「なんだよっっ!!!　完全に町中の人々が寝静まった夜半に客室に電話をかけるあなたは誰なのっ!!　陳さん？　それとも王さん!?　ど

っちも知り合いじゃねえからっっ!!!」

「ニーヤオプヤオアンマ（按摩はどうですか）?」

「こんのテンメエエエ〜〜いらんつったのにマジ頭に来たおおおお〜〜〜っ」

「そうですか。わかりました」　ガチャ

…………。

おまえなあ……、もう、夜中の2時だぞ?　2時といえばなあ、一般的には**おばけが出ると言われている時間帯なんだよっ。**ホテルに1人で泊まっているというのに、そんなおばけの出る時間帯、略しておばけ帯に目を覚まさせるなよっ。恐いじゃねえかっっ。でもいい、とりあえず落ち着こう。まだ朝まで時間はある。余計なこと考えないで寝よう……。

ということで、ようやくのようやく、我が睡眠を阻害する悪《あ》しきむじなどもを見事にせん滅したところで遂にオレは、旅の間で上位何番目かに入る立派なベッドに沈んで眠りに入り、溜まりに溜まった疲れを癒すのであった。

………。

…………。

とか言ってさあ、**どうせまた電話がかかって来るんだろっ!!!　わかってるぞ!!　今**

度こそ穏やかに眠ったと思わせといてまたすぐ「プルルルルル」っていう展開になるんだろっ⁉　それがセオリーじゃないかっ‼　長いことさくら剛の旅行記を読んでるともうだいたいパターンが見えて来るんだよっっ‼!　絶対もう1回かかって来る‼　こういう時しつこいもんいつも‼!

でも、そんなにすぐには来ないんだよね。一度寝ないとダメなんだよきっと。ちょうど寝付いた頃に来るんだよねこういうパターンって。よし、寝てみようっと。…………………。zzz……、グガ〜〜、グガ〜〜、グガ〜〜。**プルルルルル！　プルルルルル！　プルルルルル！　プルルルルほら見ろっっ（涙）‼!**

ガチャ

「うるせえんだよっっ‼!　プーヤオッ‼　フリーチベット‼!」　ドガチャンッ！

けっ。やっぱりかかって来やがった。どうだっ、もはやオレは、おまえらの行動などお見通しなんだよ。単純な奴らめっ。……といっても、**行動を読んでいようが読んでいまいが結局オレは寝られないんだけど。**モジュラーが電話にも壁にも溶接されていて外せないんだよ～（涙）。

オレは連日の寝不足によって目の周りを黒々と不健康に色づかせ、外に出れば**「あっ、こんなところに大熊猫がいる！」**と道行く子らに叫ばれ、夢を壊さぬようにこやかに彼らに手を振って応えながら次の朝、鄭州汽車站で次なる目的地へのバスに乗ったのである。

さて、たった2時間で到着したのは、省都の鄭州とはうって変わって小さな山あいの町、登封《とうふう》だ。

汽車站からして常時100台くらいバスが停まっていた鄭州とは全く規模が違い、寂しい駐車場に待機している車両はたったの2台。待合室にも客は3人ほどだし、外に出ても山に囲まれて景色はいいが町自体は非常に活気がなく、地味である。**乾電池でいえばマンガン乾電池くらい地味である。**

しかしこの登封を囲むあの山。あの山の上には実は誰もが知っている、中国で1、2を争うほどの有名な観光名所があるのだ。町がさびれているのは、ほぼ全ての観光客が鄭州からの日帰りツアーで山にだけ行って帰ってしまうからだが、オレは故あってここで数日間滞在するためにやって来た。

ではその観光名所とはなんなのか。**はぁ〜〜〜〜〜〜〜っっ。**

(道着に着替え、左右の中段突きを繰り出しながら)**ハア！　ハア！　ハア！**

ハァハアッ!!　ハア！　ハア！　ハア！　ハァハアッ!!

……合掌。

見よ、あの登封の北西に連なる厳とした山を。あれこそは中国の5つの道教の聖地である「五岳」のひとつ、嵩山《すうざん》である。嵩山といえばすぐに思い浮かぶだろう、あの、**武道を得意とする坊主の姿が。**言っておくが、嵩山で武道といっても「あいのり」に出て来たスーザンとは関係ないぞ。たしかにあっちのスーザンも武道を得意とする坊主だけど。

そう、あの嵩山の頂にあるのが、いや、頂なのか中腹なのかよく知らんけどとにかくあそこらへんにあるのが、かの有名な**嵩山少林寺**である。

数々の功夫《クンフー》映画の舞台ともなった、中国武術を代表する少林拳の発祥の地。日本男児なら、その名を聞いて血が騒がずにいられようか？　いいや、いられない。血「ヤッター！　少林寺ダー!!　スゴイ！　早く見タイ！　ワイワイガヤガヤ!!」

それでは、早速少林寺を目指そうではないか。念願の少林拳総本山を、いよいよこの目で見る時が来たのである。血「ヤッター！　目指シテ目指シテー！　ボクモ血ガ騒イデキタヨ！　血ノ血ガ！　ワイワイガヤガヤ‼」

町はずれの汽車站から騒ぐ血をなだめながら少林寺行きのバスに乗り、坂道を蛇行し山頂に向かって進む。途中には子どもたちに少林拳を教える専門学校がいくつもあり、校庭はジャージ上下の生徒たちでいっぱいだ。

そのまま20分ほどで終点へ。あっという間に少林寺入り口へ到着である。土産物売り場やレストランが並ぶ広場の前で、武闘派の僧侶の石像がオレを迎える。

はぁ〜〜〜〜〜〜〜〜っっ

（道着に着替え、左右の中段突きを繰り出しながら）**ハア！　ハア！　ハア！**

ハァハアッ‼

ここは単なるチケット売り場であり、まだ実際の少林寺までは距離があるらしいが、すぐそこにも広いグラウンドがあり100人以上の生徒が少林拳の型やサンドバッグを使っての打撃練習に励んでいる。今や少林寺一帯は、僧侶の修行の場というより巨大な武術学校という性質の方が強いようだ。

驚くことに、修行中の子どもの中には女の子の姿もある。でも意外と、こういう女性の方が将来幸せな結婚生活を送れるのかもしれないな……。だって、奥さんが拳法の使い手（しかも本物の少林寺で修行）だったら、旦那は絶対夫婦喧嘩を挑もうとは思わないだろうからな。たとえ料理中で両手がふさがっているところを狙っても、コンロの上で中華鍋を振りながら片足だけで**「ハイハイ！　ハイッ！　ハア〜〜〜アイッッ!!」と旦那の方も一瞬にして料理されそうである。**

ところで、入場券を買って少林寺へ向かう前に、オレはひとつ悩んでいることがあった。

それは今夜の宿である。

実はこの先に「武術賓館」というホテルがあり、噂によるとそこでは外国人観光客用に2時間程度の「やさしい少林拳体験コース」が用意されているというのだ。

何を隠そう、オレも大学時代は少林寺拳法部で鍛錬を重ねていた身である。ここは本場の少林拳の修練に、本格的に参加してしまうと**5分以内に何らかの形で重傷を負い悲しみの帰国を果たすことになりそうなので、**本格ではなく入門程度に**ほんのちょっとだけ体験**できるというのはありがたいことなのだ。

ただそのやさしい武術賓館は宿泊費が高い上に、まだ本当に体験コースがあるかどうかもわからない。実際に尋ねてみようにも、この先に進むには少林寺の入場料100元がかかるのだ。ここまで来てなんだが、もし他の宿に行く場合は、とりあえずこの先には進まず一旦町まで帰らねばならない。はて、どうすればいいのやら。

と、そんな時だった。オレの後ろから登封の悪魔が声をかけて来たのは。

「ニーハオ。なあにいちゃん、ちょっといいかい?」

「ハァ〜〜〜ッ!!!」

「おおっと!」

「オレの背後に黙って立つでない。怪我をするぞ」

「まあそう言わずに。ほら、このカードを見てくれよ。設備充実。快適空間。少林寺から徒歩15分」

謎のオヤジが持っていたのは、近くのホテルのビジネスカードであった。どうやら、オヤジは宿の斡旋を司る悪魔らしい。だが、ご存知のようにオレは武術賓館に泊まろうとしているのだから……。

「せっかくですが結構です。目星をつけているところがあるので」

「まあまあそんなこと言わずに」

「ハァ〜〜〜ッ!!!」

「おおっと!」

「背後からしつこくするでない。怪我をするぞ」

「じゃあ、ホテルはやめて、これはどうだ？　このカードを見なさい。ほら、見なさい」

「ホアア〜〜〜〜ッッ!!!……………。**おや？**　なんだ？『嵩山少林寺・第一武術館』??」

「そうだ!　武術館だ!」

次にオヤジが取り出したカードには「嵩山少林寺・第一武術館」の文字があり、館長として少林寺の僧衣を着た坊主先生の写真がドドーンと載っていた。

「これって……、もしかして、少林拳を体験できるってこと？　シャオリンクンフー（パンチとキックのジェスチャーをしながら）??」

「そうだ。クンフーだ!　おまえが大好きなクンフー。弱い奴ほど憧れるんだよなクンフーとか格闘技に」

「さよ～なら～」

「おいおいっ！　待て！　冗談冗談！　強くてモテる男は必ずクンフーに興味を示すんだ。とりあえず見るだけ見に行ってみないか？　バイクで連れて行ってやるから」

「ふふん。オレのクンフーへの情熱を見抜くとは、なかなか鋭いじゃないかあんた。ふっ、**この拳《こぶし》が夜泣きをしているぜ……**。じゃあ見るだけね、見るだけ。あくまでも見るだけ。それ以上でもそれ以下でもないよ」

「よし、じゃあ乗った乗った！」

　突然凄いタイミングで現れた登封の悪魔。オレは彼のバイクの後ろに乗り、お勧めの武術館へ見学に行くことになった。しかし、これこそがオレの少林寺での思い出を黒く染めることになる、まさしく悪魔の誘惑なのであった……。

　数分後に街道でバイクを降りると、悪魔の客引きはそのまま未舗装の脇道を山の方へ歩き出した。巨大な荷物を抱えて慌てて追いかけるオレ。あんたなあ、こういう時は客の荷物を持つもんだろうがよっ。気がきかん奴め。**そういう態度だから初対面の紳士（オレ）に悪魔とか呼ばれるんだよっ！　そんなあだ名はイヤだイヤだと文句を言う前に、どう**

して「自分にも非があるかもしれない」という所に考えが至らないいんだっ‼　だからいつまでたっても悪魔なんだよあんたはっ!!!

「ほら、ここだ。おーい、客人が来たぞ！」

山道の奥まったところに、何軒かの民家と並んで「嵩山少林寺第一武術館」という看板を掲げた古ぼけた建物があった。いかにも中国の子どもが修行しながら寮生活を送っていそうな、**映像で見れば興味が湧きそうだけど現実的には関わり合いになりたくない雰囲気の場所である。**

悪魔が一声かけると、ジャージ姿のマルコメな子どもが1人飛び出して来た。すかさずマルコメは「持ちますよ！」とオレのバックパックを引き受け、中庭を進み事務所まで案内してくれた。

見ろ、修行中の子どもの方が全然教育がなってるじゃないか。おっさん（悪魔）、**人を連れて来る前にまずあんたが体験入門しろっ‼　精神を叩き直せっっ!!!　修行者に全身を殴打してもらって体から悪魔を追い払えっ!!!**

事務所を見回すと、ガラスケースの中にトロフィーや賞状が並び、壁にはここの館長先生の修行僧時代の写真が飾られていた。少林寺の前で僧衣を着てポーズを決めているものもあれば、上半身裸の先生を弟子が囲んで**一斉に槍で突き刺している**が、先生の体が鋼《はがね》のように強靭なために槍がくにゃーんと折れ曲がってしまっている写真、などもある。

ちなみにその槍で先生を刺している写真には、**「金槍刺身」**というタイトルが付いていた。刺身って感じじゃないよこれ。まだ生きてるもんこの人。生け造り??

下写真：槍で刺されて刺身の先生（学校案内小冊子より）

事務所でオレの身柄は悪魔から武術学校のおばちゃんに引き渡され、入門交渉をすることになった。

「少林拳を学ぶのは健康にいいアルよ。1日体験コース、1週間体験コース、1カ月コースもあるアルよ」

「健康にはいいかもしれないですけど、痛いことしないですよね？　あと、道場はキレイですか？　床はちゃんと水ぶきで掃除していますか？　一緒に練習する子どもたちは毎日お風呂に入って手洗いも石鹸を使って頻繁にしていますか??　まさかと思いますけど、練習用の道着を洗濯せず

に何日も着てるなんてことはいくらなんでもまかり間違ってもないはずですよねでもまさかひょっとして……」

「細かいことを言うなアルッッ!!! どのコースにする？　おすすめは3カ月コースね。月々に換算すると料金がだいぶお得になるアルよ」

「3カ月も体験で入門してられるかっっ!!! ふらふらっとやって来た旅行者に勧める期間じゃないでしょそれはっ。体験入門の場合1日の練習は、何時から何時までなんですか？」

「6時半から7時半までね」

「たったの1時間ですか……。それくらいなら1週間でもなんとかいけそうだけど。とりあえず1日で申し込んでおいて、気分次第で何日か延長するという形でも良いですか？」

「あいよ。なんでもいいアル。あっ、館長が来たアル」

ちょうどその時、写真の中で刺身になっている元少林寺僧侶の館長先生がやって来た。

まだ若く、30代くらいに見える坊主頭の先生はそんなに筋肉質という訳ではないが、とにかく強そうである。厳しい修行の人生を生きて来たというオーラが、全身から発せられている。もしオレがここで突然ナイフを出して先生に飛び掛かったとしても、一切手を触れずに**「ハホアッ！」**という気合一発で吹き飛ばされそうである。

しかも、槍で刺しても死なないんだぞこの人？　人間が箱に入って外から剣を何本も突き刺す手品を、**トリックなしで**できるお方なのだ。もしこの人が「黒ひげ危機一発」の人形だったら、**剣を刺されても全然飛び出さないもんだから全くゲームになりゃしない。**強いというより、もはや**ターミネーターレベル**の人類を超越したお人だ。

「キミは日本人かね。ぜひうちで稽古を体験して行くといい」

「はい老師っ！　明日から体験入門させていただきます！」

「そうか、それじゃあ客人用の部屋があるから、そこに泊まりなさい。宿泊費は、体験入門料とは別で100元。明日も泊まりなさい。明日も100元」

「おげえっっ!!　高い!!　ただの質素な寮なのに100元なんて高すぎます!!　先生、宿は登封の町で見つけるからいいです。そこから通って来ますんで」

「それは無理だ。稽古は朝早いから」

「…………。あの、ひょっとして……。6時半というのは、朝の6時半のことでしょうか……」

「そうだ。ツァオシャン（朝）6時半からだ」

「**ズガーーーン!!**　そんなバカな……夜でしょ……普通習い事は夜するもんじゃないですか……部活だって近所の少林寺拳法の道場だって練習は夜だったもん……」

「ほら、そこに毎日のスケジュール表が貼ってあるだろう。確認してみなさい」

老師（中国語では先生のことを若くても老師といいます）の示した壁を見るとそこには「作息時間表」すなわち時間割が書かれた紙が、無造作に貼られていた。

ホントだ……練習開始時刻が『早起6：30』になってる……（涙）。**そして終了時刻は『晩上7：30』になってる……**。

……………。

待たんかいワレ。

「あの、老師。稽古が終わる時間なんですけどね。朝の7時半じゃなくて、夜の7時半ということでお間違えないでしょうか？」

「その通り」

「ではですね、僕の申し込んだ『1日体験コース』では、この中のどれくらいの時間を体験させてくれるんでしょうか？」

「全部だよ」

「全部ですか」

「朝から晩までみっちり。食事は付くから心配するな」

「やったーうれしいなー」


…………………。


勘違いしてた。夜の1時間軽く体験させてもらえるだけだと思ってたら、そうじゃなくて朝の6時半から夜の7時半まで**13時間の練習だった。**

老師……、1日体験入門の、**キャンセルをお願いします。**

「おまえ稽古着を持ってないだろう？ 靴も。新しいジャージ上下と練習用の靴を買いなさい。全部で50USドル」

「ぎょえ〜っ、高い‼ その上なぜか通貨単位が違うっ‼」

槍で刺しても死なない先生は徐々に金の亡者と化して来たが、少林寺の先生だけにオレは逆らえない。

話が終わると、さっきのおばちゃんから新品のジャージと靴と洗面器と、なぜだか箸とスプーンと、もうひとつ取っ手のついた**ミニ洗面器**のようなもの（鍋にも見える）を渡される。なんだよこれ……。ちょっとイヤな予感がするんだけど……。と嘆いている間もなく、オレは客人用の宿泊施設らしい、事務所横の個室に押し込まれた。客用だかなんだか知らないが、ただ窓とベッドがあるだけのこぎたない部屋だ。これで1泊100元だという。うーん。法外だ。**坊主丸儲けじゃないかよっ‼**

老師は先ほど「食事付き」と言っていたが、なんとなく虫が知らせたためオレは夕食前に一旦バスで町へ（わざわざ）戻り、菓子やジュースを大量に買い込むとそれをリュックに隠して部屋に持ち込んだ。あくまで、念のためね。念のため。まあ必要ないだろうけどこんなの。**きっとまかないは高級中華料理だと思うから。**信じてるよオレは坊主、いや、老師を。高いお金払ってるんだから。

そうこうしていると、17：30になった。時間割によると夕食タイムである。当たり前のように誰も呼びに来てくれないため、ドアを開けて外界の様子を探ってみるといつの間にやら子どもが大量に湧き出ている。

事務所のすぐ前に中庭というか、屋根もない共有スペースがありそこで高級中華料理が振舞われるらしいのだが、よく見ると溢れかえる子どもたちはみな**手に手に先ほどのミニ洗面器を持ち、まかないの支給窓口に列を作っている。**なるほど、オレもここに並べばいいのね。

武

…………。

いやじゃっっ（涙）!!!

なんだよこれはっ!!

ちゃんと部屋まで温かいままルームサービスのように四角いトレイにのせて蓋をして持って来てくれよっ!!　なんで特別ゲストのオレが子どもと一緒に配給窓口に並ばなきゃいけないんだよっっ!!!

腹を空かせた子どもの行列を見ながらぼう然と立ち尽くしていると、オレに気づいたガキやら職員のおばちゃんやらの**「イヤなら食うな！」という目線**がグサグサと突き刺さって来た。

なんだよっ!!　おまえら、好き嫌いが多くても怒られることもなく大事に大事に甘やかされて育って来たオレの気持ちなんて全然わからないくせにッッ（涙）!!!

ちぇっ、並べばいいんだろ並べば……。

仕方なく、オレは部屋に戻って青いジャージに着替え練習生に変身すると、ミニ洗面器を抱えて暗〜い気分で窓口に並んだ。自分の番になり係のおばちゃんの前に洗面器を差し出すと、配給品がドーンと乱雑に投げ込まれた。

今日の献立は、モヤシとニンジンの炒めたのに、パサパサのでかまん（中身なし）。

なんだよこれ……。**オレはモヤシが嫌いなのっ!!　モヤシ食べられないのっ（涙）!!!　どうしてこんなにみすぼらしい夕食なわけっ!?　もっと肉とか入れてよっ!!　フカヒレとか燕の巣とか上海ガニとかっ!!!　なんなのこの質素さはっ!!!　お寺で修行してるんじゃないんだからっ!!!!**

いいよいいよ、ひと口くらい食べるけどさ……。とりあえず手洗い場はどこ？　ねえ、そこの子ども。味気ないモヤシと饅頭を喜んでがっついてる子どもっ。水道はどこだね（手を洗うジェスチャーをしながら）？　なに？　あそこ？　あっそ。

子どもの指さした方には、茶色い大きな樽（次ページ写真）があった。中を覗くと水が満たされており、水面にコップが1つプカプカと浮いている。このコップで水をすくい、樽の

外で片手ずつ水をかけながら手を洗うらしい。……でもさあ、このコップさあ、おもいっきり水に浸かってるじゃん。**まずこのコップを取る段階で、洗う前の汚い手が樽の水に多少なりとも触れるわけよ。それでもこの手洗い用の水はキレイだって言い張れるのあんた？　そんな水で手を洗っても、手を洗ったことになるのかいこの衛生観念の発達した21世紀の世の中で??**

そもそも手洗い用の水が入っている樽も古くて薄汚れていて全然視覚的に衛生的に見えないんだよ……もう……ああ……（泣）。

結局手を洗うのは諦めたのだが、いただきますと挨拶をして洗面器の中の食材に挑もうとしても**まったく箸が進まない**。だってモヤシと饅頭（味なし）だよ……？　これを小学生時代のオレに給食として出したら、絶対泣きながら5時間目までちまちまと食べ続けることになるよ？

まあしかし、幸いにして小学生時代の給食と違い、今のオレには**ご飯を残す権利がある（大人にはその権利があるんだ）**。

オレはこっそり部屋にモヤシ饅頭を持ち帰ると、「トイプチー」と口先だけで謝りながらほとんど残っている食事を**持参のビニール袋に隠した。**決して捨てているわけではありませんよ。お金を払っているとはいえ、せっかく作ってもらった夕食ですもん。捨てたりなんてしません。**ただ持って帰るだけです。**

そのまま中庭に戻り、他の子どもにならってミニ洗面器にやかんのお湯を少し注ぎ指でごしごしと洗う。はぁ……。ねえさあ、なんで食器まで自分で洗わなきゃいけないわけ?? **オレは年長者だぞっ!! おい、そのヘンの年少の小坊主っ!! おまえがオレの食器も洗えよっ!! 謹んで洗えっっ!!! くう〜〜〜っ、手が冷たい!! 寒い!! なめんなよっ!! バカっ!!!** ※本の前のみんなはこんな最低な大人にならないでください

オレは部屋に帰ると、ドアに鍵をかけるやいなや**買い込んでおいたジュースと菓子類を取り出してむさぼり食った。**チュボボッ(ひと口サイズのイチゴゼリーを吸い出した音)!! 冗談じゃないっつんだよ。オレはただ少林拳の練習に、ほんの1時間だけ参加したかっただけなんだよっ。**チュボボッ(イチゴゼリーを吸い出した音)!!** なんでこんな寮に宿泊して子どもたちと同じレベルの生活をしなきゃいけないんだよっ!! **ブシュオーーーッ(ペットボトルのスプライトを開けた音)!! やってられるかこんなもん**

っ!!!　むしゃむしゃ……（バナナをむいて食べる音）。

あ〜〜〜あ。

は〜〜〜あ。

だいたい部屋が寒いんだよっっ!!!　もう11月だってのに、暖房がないどころか窓からスースースースー冷たく吹き込みやがって!!　**ここはオレが大枚払って借りてる部屋なんだよっ!!　なんで隙間風の野郎はなんの許可もなく平気で人の部屋に侵入できるんだっ!!　勝手に人の部屋に入るなっ!!　おまえは悪の魔王を倒すために旅している勇者かっ!!!**

あっ。

なんだか急にオシッコがしたくなっちゃった（幼稚園児か）。トイレ。トイレはどこだっ！　どうせ外なんだろっ!!　ガチャッ。

「おねえさん！　ツォーソー（厠所）はどこですかっ!!」

「ナーリ」

「あそこかっ。どうもっ！」

先ほど夕食を食べた中庭の向こう側に、**空気の色が明らかに山吹色に淀んだ薄暗い入**

り口があった。かなり入るのに躊躇させられる雰囲気であるが、なあに可愛い子どもたちが毎日使っているトイレじゃないか。子ども可愛けりゃトイレまで可愛い。心配無用だぜ。

とりあえず、ちょっとだけ覗いてみようか。

チラッ。

きやあああああああ〜〜〜〜〜〜〜〜〜〜〜〜〜〜〜〜〜〜〜〜〜〜〜〜〜〜（号泣）!!!

おおっ、おごごごおおおおお……。す、すごいものを見たあああ。小さな、小さな便器がただ４つ並んでいる……茶色い便器が……ドアどころか、仕切りも何もなくただ並んでいる……茶色い便器が……元々は白い陶器のはずなのになぜか激しく茶色く変色した便器がっっ（号泣）!!!

恐れ慄《おのの》いてすぐに厠所から脱出すると、目の前には先ほどの手洗い用の樽があった。この手洗い樽、トイレの後の手洗いにも使うのか……。だからっ、このプカプカ浮いているコップをどうにかしてくれよっ。**だってトイレの後の汚い手がコップを取るたびにちょっとずつ樽の水に触れるんだぜ？　ダメじゃんそれじゃあ！　手洗い用の水の意味ないじゃん!!!**

こんな疑惑の水で手を洗えるかよまったく……というようなことを考えていると、隣から１人の子どもが割り込んで来て、おもむろに樽の水をすくい上げるとそれで顔を洗い出した。

あんたっ!!　やめなさいってっ!!!　この水が綺麗だと思ったら大間違いなんだぞっっ!!　目を覚ませっ!!　おまえたちは悪い坊主に騙さ

れているんだっっ!!!

しかし悲しいかな洗脳された憐れな子どもにオレの警告は届かず、彼は顔を洗った後で上半身裸になると今度は体まで洗い始めた。なるほど……。手洗いだけでなく、**シャワーもこれか（号泣）**。

オレはトイレも、シャワーも、使うことを諦め部屋に戻った。

まだ体験入門をする前なのに、**まだ少林拳の稽古を全く体験していないのに、既にものすごく辛いのはなぜだ。始まる前からもう逃走したいのはなぜだ（涙）**。

ああ、トイレに行きたい。オシッコがしたいんだよ。でもなんとか極限状態まで、ギリギリまであのトイレを使うことは避けたい。なんとしても。**僕が僕であるためにも**。どうしよう。

…………。

仕方ない……。

オレはベッドの上でパンツを脱ぐと、**飲み干したスプライトのペットボトルの飲み口に、そっと縮んだオチ〇チ〇（オチマルチマル）をあてがった**。

おおっ、丁度いいサイズだ。

ジョオオ〜〜〜〜〜〜〜〜〜〜〜〜〜〜〜〜〜〜〜〜〜〜〜〜〜〜〜〜〜〜ッツ（謎の音）。

その夜、20時の消灯（なんて時間だ）の後もオレは寒くて何度も目が覚め、その都度ペットボトルを股間に装着、すると先ほど空だったスプライトの容器はあら不思議、いつの間にか**中国名物ウーロン茶風の色合いの不思議な液体**で、再びなみなみと満たされているのであった。

翌日へ続く（号泣）。

我らがターミネーター老師

16　嵩山少林寺の地獄

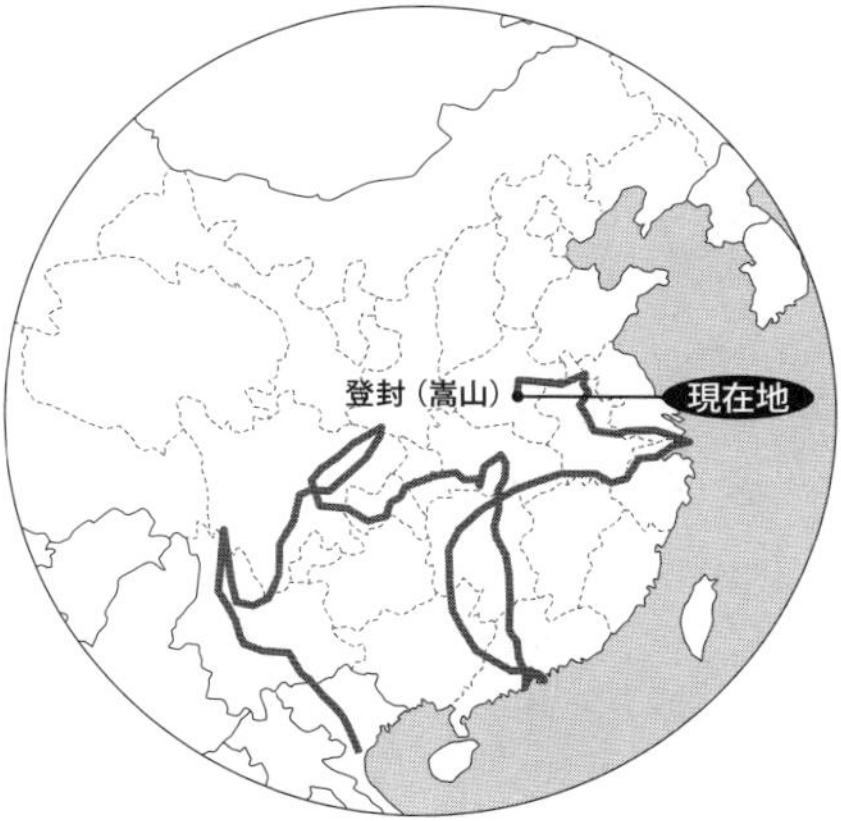

ううっ、寒いっ!!　ちくしょ〜〜〜っ!!　ナメンナこのボケ〜〜〜〜ッ!!!

翌早朝、6時ジャストに起床。予定表にある起床時間は6：20なのだが、訳あってオレは早起きをしている。

それはもちろん、トイレに行くためだ。

オレはほぼ満タンになった、中国名物ウーロン茶風の色合いの**人肌の温もりがするペットボトル**を抱えて、今まで中国で見た中でもダントツで恐ろしい、怨念渦巻く玄人《くろうと》向け共同トイレへ向かった。

仕切りの壁すらない、ただ小さな便器だけが茶黒い付着物を纏いながらこぢんまりと並んでいる少林トイレ。**聖者が人々に「魔界」というものを教えるにはこのトイレを見せるのが最も適切だと思われるほどの陰惨な光景。**オレはそこでこれからペットボトルの中身を処理し、さらに誰も来ないうちに自分が用を足す（大の方ね）ために、あえて「予定起床時刻の20分前に起きる」という人跡未踏の奇跡の目覚めを見せたのだ。

ぐうう……しかし、入りたくないこのトイレ………でも小はともかく大きい方はさすがにペットボトルに出すわけにはいかないしな……。いや、うまく入れば別にいいんだけどさ。フタして閉じ込めとけば。でも大の方って、ペットボトルの入り口より太いだろ普通？　オチ○チ○（オチマルチマル）はスッポリはまったとしても、大のベンは健康良好なら通常はそれ以上の直径じゃないか。だから仮にお尻の下でペットボトルを構えてふんばっても、結局入りきらずにクネッと折れ曲がってボトルを持つ手の方にベターンって落ちて来そうなんだよね。**下品なんだよっっ!!!**

……さあ、呼吸を止めて。覚悟を決めて進もうこの深い闇へ。今のうち、他の少林子どもが来ないうちに。

キャ――――――ッッ!!!

マルコメがっ!!　こんな時間なのにもう先客のマルコメが1人いるっ!!!

「ツァオシャンハオ（おはようございます）」

「ツァオシャンハオ」

仕方なく、尻を出して踏ん張り中のマルコメに**律儀に挨拶をするオレ。**

……………。朝一番の寝起きでいきなり初対面の排便中の他人と顔を合わせているのに、なんで普通に挨拶を交わしているんだオレは。どういう感覚になってしまったんだ。……オレは、日本人の心を忘れたくない。**排便中の人に出くわしてしまったら、驚いて「すいま**

せん‼」と叫び逃げ出すオレでありたい。

しかし、先客がいるからって、オレだってやることはやらなければならない。マルコメは4つある便器の右から2番目を跨いでいたので、もちろんオレは1つ空けて左端を使うことにした。

くううう……足元が汚い……(涙)。下に視線を向ければ、見える物その全てが茶黒い。そして、目の前にある**使用済みの紙を捨てるゴミ箱**も、同じように茶色い。白地の紙に茶色がなんと良く映えていることか。しかもこのゴミ箱には、トイレットペーパーに混じって教科書の切れ端なんかが一緒に捨てられている。つまり、トイレットペーパーを持っていない子どもが**教科書を千切って尻を拭いた**ということではないか。なあ、違うぞ。**そうやって使うものじゃないぞ教科書は。**

まったく、なんたるおぞましい環境だ……。酒を飲んでベロベロになっている**酔拳の達人**でも、このトイレに入ったらあまりの光景に**瞬間的に酔いが冷め弱くなってしまう**のではないだろうか。

とはいえ嘆いている時間もないので、まず最初は持って来たスプライト改めお茶の処理である。オレはペットボトルのフタを開けると、中の液体を便器の中にトクトクトクトクトクトク……とこぼし始めた。

隣から、少林尻出しマルコメが興味津々で見ている。これはねえ、**お茶だよマルコメ。お茶**お茶の色してるでしょう？　**お兄さんは便器の中にお茶をこぼしているんだよ。お茶以外のなにものでもないからね。**

えっ？　どうしてスプライトの入れ物にお茶が入っていて、さらにそれをトイレで捨てているのかって⁇………うるさいわねっ。**子どもはまだ知らなくていいのよっ!!!　大人の世界の話なんだからこれはっっ!!!**

さて、ボトルを空にしたら今度はオレの大腸を空にしたい。覚悟を決めると、オレはズボンを下ろした。

…………。すぐ隣で子どもが見ているというのに、その目の前でパンツを脱いで大きな方の排泄を試みるオレ。日本なら軽犯罪法違反で確実に逮捕される状況であろう。

片方の手にトイレットペーパーを持っているので、もう一方の手を空けるためにオレはペットボトルを首の下に挟んだ（今日もしびんとして使うので捨てられないのです）。

苦しい体勢である。バランスを取るのにひと苦労であるが、しかし気合いを入れねばならぬ。こんなところでひっくり返りでもしたらただでは済まない。1972年に札幌冬季オリンピックで活躍したジャネット・リンも、リンクの上で尻餅をついたからこそ「銀盤の妖精」などと呼ばれ人気を呼びCMの依頼も来たが、もし彼女が尻餅をついたのが札幌のリンクではなくこの**少林寺武術学校のトイレ**だったら、**即時国外退去処分**になっていただろう。

まあ早く済ませてしまおう。さあ、尻にぐッと力を込めて！　赤ちゃんを産むようなつもりで‼……**おおっ**。ふと見ると、隣のボウヤが幼く純真な目をパッチリ開けて、思いっきりオレの尻に注目している。

や、やめてっ。**そこは見ないでっ（涙）‼　いやあっ‼　恥ずかしいわっっ（号泣）‼!**

……………。

オレは、頑張った。完全にアウェイな状況にもかかわらず、全力を尽くした。

しかし！　ダメだ。恐れていたことではあるが、これだけリラックスできない状態では、出るものも出ないのだ。精一杯力んでも、とにかく頑固に出ない。ここまで頑固に出て来ないものというのは、日本の歴史上でも**岩戸に籠《こも》った天照大神以来**であろう。こうなったら、天照大神の時と同じく**派手などんちゃん騒ぎ**でも起こしながらふんばれば、尻の中のあいつも「おや？　なんだか外が楽しそうね。ちょっとだけ覗いてみようかしら。チラッ」と**ひょっこり出てくるかもしれない**。だが、そうしたくてもトイレで騒ぐのはマナー違反なのでここではその作戦は使えない。

ちくしょう……、**どれもこれも隣の少林マルコメのせいだっっ（涙）!!!　おまえが人の尻をジロジロ注目するから恥ずかしがって引っ込んじゃったんだろうがっ!!　なんとかしろよっ!!　おまえが責任持って引っ張り出せコラっっ!!!**

そのにっくきマルコメはすぐ隣でオレの美尻を注視しながらも、慣れた手つきで自らのマルシリを紙でごしごし拭き、そのままポイッと前方のゴミ箱に投げ入れた。汚いなあ……。

あれっ？　ちょっと待てよ。その紙、**今さっきゴミ箱に入ってた教科書の切れ端じゃん**。たしかについさっきまでそこにあったぞ。いつの間にかゴミ箱から姿を消したと思ったら、同じ物がまたマルコメによって投げ入れられている！　どういうことだ？

ま、まさか。こやつ……ゴミ箱に入っていた他人の使用済みの紙を、**再利用していやがる……**。

ブクブクブクブク……（ショックで口から泡）。

ああ、まさかジャッキー・チェンやジェット・リーもこんな幼少期を過ごしていたんじゃないだろうな。ジャッキーやリーがこんなおぞましいトイレを使っていたと思うと……、**教科書の切れ端を使って、しかも他人が使った紙を再利用して尻を拭いていたと思うと……リスペクトする気持ちがあんまり……（涙）。**

そのまま出て行ったマルコメを追いかけるように、オレもそそくさとお気に入りのTバックを穿き直してトイレから出た。

すぐ近くにあった例の水の入った樽、そこに浮いているコップをマルコメは拾い上げて水を汲み手を洗っている。**だから、コップを拾う時に汚い手がぴちゅっと樽の水に触れてるじゃないかよっ!!!　全然それで手がキレイになってると思えないんだって!!!**

オレは部屋に戻ると、買い込んだミネラルウォーターを惜しまずに使い手を洗った。

そうだよ。使うよミネラルウォーターを。使うよ平気で。**こちとら金に糸目はつけないんだよっ!!!　少林寺の寮にいるからって、オレは他の子どもにあわせた生活なんてしないぞっ!!　郷に入れば郷に従うと思ったら大間違いなんじゃやっっ!!!　オレを見くびるなっ!!!**

それはそうと、ドアの外から聞こえる足音はなんだ？　大量の子どもが階段を降りる音がするじゃないか。

あっ。もう6時半だ。稽古の時間だ（涙）。

いやだ……、これから**13時間に亘って**少林拳の練習かよっ。そんなもの、**やりたくないんだよっっ!!!　なんで部外者なのに稽古に参加させられなきゃいけないんだっっ!!!　冗談じゃないぞ‼　オレが何をしたと言うんだっっ!!!**

ドンドン！　ドンドン！

「29歳の人〜〜！　朝の練習いくよ〜〜‼」

…………………。

よくわからんが、ここでのオレの称号は「29歳の人」らしい。申し込みの時に伝えた年齢が話題になりでもしたのだろうか？　にしても親切にも呼びに来てくれやがってよ〜〜。ああ行きたくねえ……。行きたくないけど、**でも行かなかったらオレそもそもここにいる意味が全くないんだよっ!!!　行けばいいんだろ行けばっ（涙）!!**

ガチャッ。

「悪いね迎えに来てもらって。どうもお待ちどうさま」

「準備はいいかい？　僕は今日1日キミの指導をする、リュウカンだよ」

オレの担当、リュウカン先生。年齢は17歳。オレのちょうどひと回り下のこわっぱだ。まったく憎たらしい。稽古なんてやりたくないオレに、わざわざ担当に付くなんて。客の気持ちをわかっていない野郎だ。

「まず早朝の練習はランニングからね。外に出て、列の最後に並んで！」

中庭には生徒諸君が集まっており、年長グループと年少グループで分かれて2つの列ができていた。オレは、当然のごとく年少グループ（小学生相当メンバー）の最後尾につく。これはオレの体力が小学生並みということでは全然なく、ただ単にオレの肌年齢が10歳前後（ぷりんぷりん）だからというもっともな理由からだ。

そのまま学校を出て、山道を走る。

さすがに年少組のメンバーとオレでは足の長さが5倍ほど違うが、だからといって体力は15倍ほど負けているのであっという間にオレは中国の見知らぬ山の中に置いて行かれた。おいっ、**こんなところでオレを1人にするなっ！　遭難するだろうがっ!!　しかも中国の山奥で!!　野人とか出たらどうするんだよっっ!!!**

オレは仕方なく3倍界王拳を使い死に物狂いで子ども行列に追いつくと、大人の底力でマルコメズと競い始めた。ラスト200ｍほどは全員ダッシュで練習場の空き地まで走るのだが、そこでオレは遂に本気の全力疾走を見せ、なんと小学1年生の子どもに次いで見事に最下位でゴールを果たしたのであった。

ゼェ……ゼェ……、このガキどもっ、**オレを見て笑うんじゃねえっ!!　オレはただよく知らない人間に背中を見せないようにしているだけだっ!!!　おまえらもしオレが敵の宗派の送り込んだ刺客だったら、全員後ろから襲われて暗殺拳の餌食になってるぞっ!!!　少林寺ではそんな心構えすら教わってないのかっ!!!**

その後、2人1組になって柔軟体操を済ませると、いよいよ年齢別のクラスに分かれての稽古が開始された。そっと宿に戻ろうとするオレを見つけてリュウカン先生（17歳）がやって来る。

「じゃあ、今からマンツーマンで指導をするから。今日1日で、少林拳のいくつかの型を覚えてもらうよ」

「なんでそんなことしなきゃいけないんですか？　それは命令ですか？　僕があなたよりいくつ年上か知ってますか⁇」

「29歳でしょ？　体験入門の人には、いつも型をやってもらうんだ。散打（殴り合い）とか剣や槍の稽古をやりたいんなら、どんな怪我、傷を負ってもいいという念書を老師に出してもらうことになるけど……」

「僕は争いごとは大嫌いなので、型がいいです。ちょうどいいんです型で。型にはまって生きて行く方が楽ですし」

「今までなにかクンフーや拳法を練習した経験はあるの？」

「強いて言えば、ファミコンの『イー・アル・カンフー』や『飛龍の拳』シリーズはよくやっていました」

「じゃあまったくの初めてじゃないってことだね。それじゃ今から僕の見せる通り、同じ動きをやってみて。まずは手を合わせて、合掌」

「合掌」

「じゃあ1からいくよ、1、ハイ！」

「いー、はいっ♪」

「つぎ、2、ハイ！」

「ある、はいっ♪」

「そして3でガッ！　と腰を落として！」

「さん、ガッ！」

「もっとしっかり腰を落として‼」

「ほををぉぉ〜〜〜っ（涙）！　無理っ！　腿がっ‼　腿がつるっっ‼!」

リュウカン先生の真似をして少林拳の動きを学ぶのだが、たったの3ポーズ目、両拳を腰に添え深く腰を落とす部分でオレは体力の限界に達した。

「ほら、足を伸ばさない！　膝を曲げてがんばって‼　こんな早くからプルプルしないのっ‼!」

「もう無理ですっ（プルプルプルプル！）、もう勘弁してください（プルプルプルプルプル！）」

「まだ始まったばかりじゃないか！　なんでこんないきなり弱っているのさっ」

「弱ってるわけじゃないです‼　**最初から弱いんですっ‼!**」

もちろんオレはここ1年の旅で荷物を背負ってものすごい距離歩いているので、かなりの肉体改造はされているはずだ。ただ、少林拳の型で使う筋肉は普段使わないところで、先生の動きについて行くだけでもひと苦労なのです。

若先生の少林拳はビシッバシッと風を切る鋭さだが、オレのは**新種の老人用阿波踊りでも開発しているかのような珍妙無類な動作**になっている。

「じゃあ、まずはここまで。覚えたね？　ここまでの動きを、自分で繰り返し練習して」

「ゼェ……ゼェ……、は、はいっ、わかりました！　とりあえず先生、僕ちょっと一生懸命やりすぎて暑くなっちゃったんで、上着を脱いで置いて来ます。いいですよね先生」

「いいよ」

オレは長袖のジャージを脱ぐと、空き地の端にある荷物置き場に行ってキチンと畳んで帰って来た。

「お待たせしました先生。……う～ん。**ああっ！　やっぱりなんか寒い！**　そりゃ11月だし、山の上ですもんね。上着を脱いじゃったら寒いに決まってるか。すいませんやっぱりジャージ着て来ます！　すいません！」

オレは再び荷物置き場まで歩くと、大量のジャージの中から自分の物をよ～く探して選び出し、ゆっくりと着ると先生の所へ戻った。

「たびたびお待たせしました先生！……そうねえ。う～ん、**やっぱり着たら着たで暑いかなあ。**これからまた運動するんだし、そうするとTシャツになっていた方が利口かなあ。じゃあジャージはこの際あっちに置いて来た方がいいかなあ……またあそこの荷物置き場に……」

「ただ休みたいだけでしょぉあなたっっ!!! 何やってるのさ!! 脱ぐんなら僕が預かるからっ!! とっとと練習を始めて!!」

「けっ、17歳ごときに30歳の体力のなさがわかってたまるかよっ。リュウカン先生だって、いつかは体が思うように動かなくなるんだからな。オレのように」

「まだ30歳じゃないでしょう。29歳でしょう」

「29歳29歳うるさいなぁ!! 人に29歳って言う奴が29歳なんだぞっっ!!!」

「とにかく早く始めて!」

「わかったよ。やればいいんでしょう。合掌」

「…………」

「いー、ハイ! ある、ハイ!……あっ、先生、ここの2の部分の首の動きなんですけどね、手に合わせて横を向くんですか? それとも正面を向いたままですか?」

「一緒に右を向いて」

「ありがとうございます。いー、ハイ! ある、ハイ!……あっ、先生、ここなんですけれど、拳を握った時に親指は内側に入れておけばいいですか? それとも外側に出しますか?」

「細かいことはいいからっ!!　とりあえず先に進んで!!」

オレは、とにかく先生にたくさん質問をする、簡単な部分だけを何度も繰り返し練習する、頻繁にジャージを脱いだり着たりする、という3つの作戦を使い分け全力で場をしのいだ。**今の目標は、少林拳を学ぶことなどではない。少しでも体力を使わずに練習を終わらせること、ただそれだけだ。**

「よし、じゃあまずはここまで！　そろそろ朝ご飯の時間だから。宿に戻るよ！」

「はおおお……ほおおお……（涙）」

7時45分。やっと早朝の練習が終わった。しかし今日1日の全ての練習が終わるのは、夜の7時半。こんな朝練なんてほんのウォーミングアップ程度の位置づけのはずだ。なのに既にオレの**肉体はボロボロだ。**

朝食休憩を取ったくらいで体力が回復するもんか。次の練習まで中3日は空けてもらわないと困るんだよ。さもなくば、**オレの体は使い物にならなくなるぞっ！　わかってるのかよあんたっ!!　そういう大事なことをっっ!!!**

いったん全員で歩いて宿に戻ると、半分の子どもはこの寒いのに手洗い用の樽の水をかぶって頭を洗っており、もう半分は例の食事用ミニ洗面器を持って配給窓口に列をなしている。

くそ……、**オレを列の先頭に入れろっ!!! オレはおまえらの1カ月分の月謝を1日の体験入門で払ってるんだぞ!! そんなオレのためには列を乱して横入りくらいさせるのがマナーだろっっ!!! ちゃんと拳法と一緒に世の中の仕組みも学べよおまえらっ!!!**

なんて、ずるいことを言ってはダメでーす（涙）。いけませんそんなわがままを言っては。ダメ、ちゃんとしないと。子どもが見てるんだからっ（号泣）。

結局律義に並んで配給を受けた朝食は、昨日と同じく**モヤシの炒めたのが冷たくなったの**であった。

……………。

こんなのいらないやいっっ!!!

オレは「うわあ美味しそうな朝ごはん！　自分の部屋で食べようっと！」と一応笑顔を保ったまま部屋に引っ込むと、配給の食事は無視して昨日買い出ししたオレンジジュースを飲み、バナナと菓子パンとイチゴゼリーをヤケ食いした。

……別に、1人だけ贅沢してるわけじゃないんだよ。だってあの子どもたちは、小さい頃からここの食事で育ってるんだぞ？　だからオレにとっては天敵食であるモヤシも彼らにとっては待ちかねた嬉しい朝食で、練習の疲れも癒されるってもんだ。**チュボボボッ（イチゴゼリーを吸い出した音）!!** でもオレはモヤシで育っていないから、この配給朝食を全く楽しめないいんだよ!! **こうやってジュース飲んでゼリーでも食べないとやってられないいんだよっ!!! ちくしょう!! チュボボボッ（イチゴゼリーを吸い出した音）!! じょ―――――（ペットボトルにオシッコを入れる音）**。

オレは食事を終えるとすぐさまベッドに横たわり、日中辞書を取り出して今後の練習に備え「疲れた」と「休憩欲しい」の単語を必死で調べた。

さて、そんなこんなで8時30分、**午前の練習の開始時刻**になった。だが、オレはもう動けない。もうダメだ。こちとら早朝の稽古だけで体力を使い果たしてるんだよ。ウソだと思ったら中山さんの開発した筋肉トークでオレの体に直接聞いてみるといい。**おいオレの筋肉！ おいオレの筋肉さあやるのかやらないのか！ やるのかやらないのか！ どっちなんだい!?**

筋肉「やりませ〜ん」

ほらみろっ!!!

ドンドン！　ドンドン！

「29歳の人〜〜！　練習の時間だよ〜〜‼」

なにをこいつ……。

「リュウカン先生。いいこと教えてあげます。今からあなたは**オフです。**今日1日、自由に過ごしてください。これは朝練で実に懇切丁寧に指導してくださったことに対する、僕からのお礼の休暇です。あんまり遠くに行かなければ、外出してもいいですよ」

「ほら、もうみんな整列して待ってるよ。これから一緒に練習場まで移動するんだから」

「実は朝の稽古で左手の小指を捻挫しまして……。さっきパソコンに入っている『家庭の医学』で調べたら、こういうケースでは2週間は安静にしていた方がいいみたいなんです」

「僕たちだってみんな少しくらい痛くても我慢してるんだから‼　いいから行くよ！　もたもたしてたら僕が老師に怒られるんだよ‼」

「わかったよそんな引っ張るなって！　行けばいいんだろ行けば！」

オレはドアから出ると寒さ対策としてジャージのジッパーを首のところまで一気に上げたのだが、基本的にこのジャージは子ども用サイズで小さくできているため、**ジッパーに首**

の皮が巻き込まれて一緒に閉まった。

「ぎょよよよよおお〜〜〜っっっっ（号泣）!!!　痛いっ（涙）!!!　首が痛いっっっ（号泣）!!!」

「首なんて痛くて当たり前だよ！　格闘技の稽古なんだから！　ストレッチをちゃんとすれば大丈夫だよ！」

「そういうのじゃなくて〜〜〜（号泣）。もっと小さく痛いんです〜〜小さく強烈に〜〜〜（涙）」

首の薄皮を引き千切られながら最後尾に並んだオレを待って、寮生の団体は揃って移動し始めた。

年長組はどうやらこれから武器を使った演武の稽古も行うようで、刀や棒や槍、鎖の先に刃物が付いたものなど**多種多様の凶器**を各々が手にして歩いている。**完全に凶器準備集合罪である。**この集団が歩いているのが嵩山でなく日本アルプスだったら、機動隊が出動してしかるべき光景だ。

隣のお兄さんにちょっと刀を借りて触らせてもらったのだが、ペランペランになる柔軟さを持ってはいるが刃先は相当に鋭い。こんな物を振り回す練習をしていたら、今まで相当な数の怪我人が出ている筈である。たしかに刀のあちこちに赤い錆が浮いており、いかにも子どもの生き血を吸った血塗られた刃という感じがする。

ただ、あの**槍で刺しても死なない館長**を師としているだけに、子どもたちももしかしたら刃物にはめっぽう強く、例えば刀で斬っても斬っても再生する**プラナリア的な体質**を持っているということも十分考えられる。もしかすると、この子どもとあの子どもは元々１人の子どもだったんじゃないだろうか。

広場へ到着すると、準備運動とストレッチの後に再びクラスに分かれて稽古が始まった。年少組は1列になってコーチの指導の下に型の特訓、年長組はグローブや防具をつけての打ち合い、また武器を使用した難易度の高い演武の練習だ。そしてもちろんオレはリュウカン先生とマンツーマンで朝の続き。

しばらく生意気なリュウカン先生に習って稽古しているとそれなりに中国拳法らしい動きはできるようになってきたが、もうオレの体は崩壊寸前である。腰を落とす動きの時には力が抜けてペタンと地べたに倒れそうになるが、そのたびに「ここはトイレだ。オレの下にあるのは、**中国４０００年の歴史分の排泄物が思うがままに溢れかえっている茶黒いトイレなんだ**」と思い込むことによって自分に**生命の危機**を感じさせ、命がけで踏みとどまった。

なお、朝食後にオレはちゃんと辞書で「疲れました」「休憩をください」を中国語でどう言うか調べ覚えて来たはずなのだが、あまりに疲れすぎてすっかり忘れてしまった（泣）。

午前の練習が終わったのは、11時50分である。みっちり3時間以上マンツーマンで特訓を受け、オレは疲れたというよりリュウカン先生（12歳年下）に殺意を抱いた。

すぐに寮に戻って昼食なのだが、他の子どもの洗面器を覗くとメニューはまたもモヤシだったため、オレはもう配給の列に並ぶことすらせず部屋に帰っていつものようにイチゴゼリーを**チュボボボッ!!** と吸い出し、オレンジジュースと桃ジュースを飲み比べどちらが美味しいか批評を加えるという**究極の贅沢**を展開してやった。……いやいや、贅沢じゃないぞ。当然の権利だ。だって、練習にも慣れてなくモヤシも食べられないオレは、明らかに他の子どもよりずっと辛い思いをしているんだから。どうだっ!! **オレは29歳にもなって、現地の武術学校の中でも最も苦しい状況に自ら身を置いているんだぞっ!!　そこを評価してもっと優しく接しやがれよオレにっっ!!!**

……午後の練習はまたもリュウカンの野郎にドアをノックされることから始まり、無理矢理練習場へ連れられるとトレーニングを再開させられた。ていうかリュウカンちゃんさあ、なんでそんなにオレにぴったりくっついているわけ？　朝の6時からずっとさあ。もしかして、あんたアタシに**ホの字だね??**　ダメよ、あたいは年下には興味ないんだから。リュウカンちゃんががんばって29歳になったら、その時にまたおいで。

午前と午後は別段変わらない練習内容であったが、途中で打ち合わせなのかなんなのか、リュウカン先生と年少組コーチと老師が揃っていなくなるというラッキーなタイミングがあり、ここぞとばかりにオレはもちろん**全練習生が一斉にだらけていた**。そして数十分後、**チラッと老師の姿が見えた瞬間全員一丸となって真剣に稽古を始める**という姿は、子どもというものの**国境を超えた普遍性**を感じさせるものであった。

しかしとにかく凄いと思ったのは、子どもたち個々の動きの素早さや運動神経もそうだが、なにより1日10時間以上も動き続けていられるそのスタミナである。

こんな稽古を毎日行い、近寄るのもはばかられる年季物のトイレに通い寒中に樽の水だけで頭と体を洗い、自由時間もなく同じ部屋に何十人も詰め込まれて暮らしている少年たち。彼らを見るにつけ、どう転んでもオリンピックの金メダルの数で日本が中国に敵《かな》うわけがないと思った。

そして長い長い午後の練習も終わり、夕食の後は、まだ次に夜の練習があるのだがオレはベッドから一歩も出られなかった。**もう限界。もう動けません。**

ドンドン！　ドンドン！

「29歳の人〜〜！　練習の時間だよ〜〜!!」

リュウカンてめえ……。

四つんばいでドアから這い出ると、もう外は暗く寒く、トイレは恐ろしく食事は口に合わずオレの知り合いは1人もおらず言葉は通じず、故郷日本を思ってあまりの寂しさに泣きたくなった。でも、大人だから泣かずに我慢したけど(号泣)。

もう無理だよ。もう動けないよ29歳は。

締めくくりの練習は寮の前の道路で個人個人に行うもので、自由練習に近いものであった。オレは闇に紛れて脱走し、遠くの曲がり角から微動だにせず子どもたちの練習を見物していた。そしてやっと夜の7時半。早朝6時半から始まった本日の稽古は、遂に終了の時とあいなったのである。

オレは子どもたちが老師の前に集合し終わりの挨拶をする時にすかさず合流した。そして解散になった途端、その場にヘナヘナと倒れ込みそうになったが最後の力を振り絞って前を通りかかった**リュウカンに襲い掛かった。**

「てめえリュウカンッッ!!!　稽古が終わった今、おまえはもう先生ではないっ!!　練習生の枷《かせ》が外れたオレとおまえはただの大人と子どもだ!!　年上の人間をこき使いやがってテメー!!!　ただで済むと思うなよっ!!　ズギャーーン!!　バゴーーーン（唸《うな》る拳）!!!」

「疲れた？　でも午後の練習で途中ボクがいなくなった時、サボってたでしょう？　わかってるんだから」

「なっ、なんのことかな？　僕は中国語が**わかりませ〜ん。**　リュウカン先生の言っていることもさっぱり**わかりませ〜ん。**　ウォープーチータオ。**フュ〜〜フュ〜〜（口笛）♪**」

「足を洗うといいよ。熱いお湯が用意されているから。洗面器持ってるでしょう？」

「なにっ！　熱いお湯!!　足を!!　洗うっ!!　すぐ洗う!!!　よこせってんだお湯を!!　この最年長で金払いのいいオレに優先的に!!!」

シャワーがないこの館で、お湯で足を洗うことは数少ない救済である。

オレはすぐさま洗面器（大）を持参し、先に並んでいた子どものグループを習いたての少林拳で一蹴して無理矢理割り込むと、用意されていたやかんの湯を洗面器に注ぎ素足を浸けてゴシゴシと洗った。

はあ〜〜〜〜〜〜〜。**気持ちいい……（涙）**。ドス黒く濁ってきた湯を捨て、もう一度新しい湯を溜めて足を浸ける。**ほあ〜〜〜〜〜〜〜っっ（号泣）**。美しい足……透明な湯に透けるこの白い足……これが本来の私の足なのよ……**ボッチャ〜〜〜ン!!　なんじゃ〜〜〜〜〜っっっっ!!!**

突然、どこからか子ども用の**どぎたないサンダル**が飛んで来てオレの洗面器に見事に着水し、湯は再び真っ黒になり汚飛沫《おしぶき》はオレの足に顔にジャージに飛び散った。……見上げると、2階の窓から謝っている年少組の練習生の姿が。

「トイプチー！　サンダル投げたら入っちゃった！　トイプチー！」

「何がトイプチーだテメエッッッ!!!　人に謝る時は『ごめんなさい』だろうがっっ!!　しかも2階から年上を見下しやがって!!!　オノレ降りて来いっ!!　ここに来て謝罪と賠償をしろっっ!!!」

「はーい、今行くよー」

憎しみの対象の子どもがノコノコ降りて来やがったので、オレは容赦なく習得した少林拳の奥義を出して、80年後に死ぬ秘孔を突いてやった。

周りを見渡すと、他の子どもは冬の夜だというのにいつもの樽の水で頭や体を洗っている。

槍で突いても刀で斬っても冬の夜に水を浴びても平気な体になってしまうとは、少林寺の修行はなんて恐ろしいんだ。

オレは足を洗っただけで部屋に引っ込んだのだが、昨日もシャワーを浴びていない上に日中の練習で汗をかいたため、とにかく体が**ベッタベタ**。少し下を向くだけで、顎の肉と首がくっついて**ミリャッ**と音を立てるのだ。気持ち悪い……（涙）。

よーしこうなったら、気を紛らわすためにストレッチも兼ねて膝の屈伸でもしようっと！　せーの、いち、にっ、**ミリャッ、ミリャッ**（膝の裏が汗でくっついて離れる音）、にいにっ、**ミリャッ、ミリャッ**（膝の裏が汗でくっついて離れる音）、さんにっ、**ミリャッ、ミリャッ、ネッチョネチョ〜〜ン**（体中のあらゆる関節の肉が埃まみれの汗でくっつく音）、**気持ち悪う〜〜〜っっっ!!!　シャワー!!　お願いです、シャワーを浴びさせてくださいっ（涙）!!!　みんな、オラにちょっとだけサラサラな首筋を分けてくれっ!!!**

寝返りをうつたびにベッターンと、定番のネチョネチョ地獄が発動するため消灯を過ぎてもまったく寝られず、おまけに疲れと気温差で深夜には咳が止まらなくなった。

オレはなるべく身動きを控えてしかし何度も咳の発作にやられ、オシッコはペットボトルに出し一睡もできずに夜明けを迎えるのであった。

そして……。

ドンドン！　ドンドン！

「29歳の人～～！　朝の練習いくよ～～!!」

「行かないっつーんだよっっ!!!　オレを殺す気かっっっ!!!　もう体験入門は終わりっ!!　体験してみた結果、ここには二度とお世話にならないことに決めたんだよっっ!!!」

悪徳リュウカンを追い払い朝食はパスして、荷物をまとめ早々に帰る準備をする。学校の前にゴミ捨て場があったので、昨日から散々食い散らかしたお菓子の袋やペットボトルをこっそり捨てておいた。

じゃあ、老師に挨拶するか。

「老師、2日間お世話になりました。辛い稽古でしたが、得る物もそれなりにあったような気がする可能性があると言えないこともないかもしれないと願いたい状況です。今日は登封の町へ戻ろうと思います」

「どうだい。登封は遠いから、今日もここに泊まっていかないか？　もう稽古は辛いだろうからしなくてもいいぞ。食事は出す。1泊100元。2泊で200元」

「ここに宿泊すること自体がクンフーの稽古よりよっぽど辛いんだよっっっ!!!……というのは**ほんのジャパニーズジョークですが、**結構でございます。このお部屋はわたくしには身分不相応な豪華過ぎる住房《じゅうぼう》でございますため、謹んでご辞退申しあげます」

「そうか、残念だな。それじゃあ、ここのビジネスカードをいくつか持たせてやるから、友人にもこの体験入門を薦めて、ぜひ紹介してくれたまえ」

「はい。この体験入門を薦めたら、**友人を失う可能性が高いためできかねます。**それでは老師失礼します」

商魂たくましい老師に別れを告げると、オレはバックパックを背負って学校の門へ向かった。心とは裏腹にオレの体が名残を惜しんでいる印なのだろうか、一歩進むごとに肘や膝が**ネチョーンネチョーン**と気持ちの悪い音を出している。

門のところで、寮で働いているおばあさんと入れ違いになった。どうやら彼女はゴミ捨て場からまだ使えるものを拾って来たらしく、オレの捨てたペットボトルなどを小脇に抱えていた。見習いたいリサイクル精神であるが、ただ、**そのペットボトルは僕が毎晩オシッ**

コを溜めていたものなのですが……。

まあいいか。**毒ってわけじゃないしな。**

商魂たくましい老師は「登封は遠い」と言っていたが実際は全然遠くないので、バスに乗り20分少々でオレは念願の下界に降り立った。奮発して寮と同じ100元のホテルにチェックインしたのだが、こちらは温かいし部屋の中に洋式トイレもホットシャワーもついている。すぐに湯を浴び体を擦りながら、オレは**「天国ってここのことだね（号泣）」**と呟いた。

17　凍える北へ

登封の名門一ツ星ホテルで、憂いなくリッチに洋式トイレにまたがる私（セレブリティ）。

こうして用を足していても、昨日と違ってここでは**私の排泄中の尻を見つめる男は誰もいないの。**だってここは個室だから……。リラックスできるからかしら、ほらごらん、**いつもより多めに出ているわ。昨日果たせなかった分まで。**

熱いシャワーも浴びて、首を曲げても膝を曲げてももう肌と肌がくっつく「ミリャッ」という音はしない。むしろサラッサラ。粉のようにサラッサラ。粉のようにサラッサラ**略してサラコナー。**部屋は暖かいし……肌はサラコナーだし……排泄してもマルコメに尻を注目されないし…………、**寝てやるっ!! 今日はまる1日、明日の朝まで20時間以上ひたすら寝てやるっっ!!!** 昨日のオレが武術学校で早朝の練習をして朝メシ（モヤシ）食って午前の練習をして昼メシ（モヤシ）食って午後の練習をして夕メシ（モヤシ）食って夜の練習をしてベッタベタのネッチャネチャな体になって苦しんだその時間を取り戻すように、**今日はサラサラのままひたすら寝続けてやるっ!!!**

そして十分休養を取ったら、この町とはお別れだ。こうしてオレが少林拳の極意（槍で突かれたり刀で斬られても死なない方法等）をマスターした今、もはやこれ以上この町にとどまる理由はない。

じゃあまだ午前中だけど、おやすみ～～！　ああ久しぶりに会えたね、汚れのない、白衣のような純白のシーツをまとったふくよかで豊満なベッドちゃん。僕はもう君を離さないよ。朝まで抱いていてあげる。ZZZZZ……。

ZZZZZ……。

ZZZZZ……。

…………。

ってちょっと待てよ。

起きます（ガバッ）。よく考えたら、肝心の少林寺の観光を全然してないじゃないかオレ。なんか昨日の1日体験で全てやり尽くした気になってたけど、オレは別に槍で突かれても死なない方法を学びにここに来たわけじゃないぞ。

オレはただ、憧れの少林寺を一目見ようと観光に来ただけのあどけない草食系（もしくは離乳食系）旅人だ。それなのになんで本来の観光そっちのけで**近所の組織に連れて行かれて**修行して、刺しても死なない体に改造されなきゃいけないんだ。仮面ライダーか。

だいたい組織の人たちは、槍で突いても刃物で切っても傷がつかなければそれで丈夫な体なんだと思っている、その考えが浅はかなんだよ。だってさあ、刃物が一切体を通らなかったら、病気になっても**手術ができない**じゃないか。

外科手術が受けられないだけでなく、槍や刃物を通さぬ皮膚であるために**インフルエンザの予防接種すら受けられない**のである。たしかに昨日の館長先生はじめ少林寺の僧侶たちは突然通り魔に襲われても刃物をカキーン！　と跳ね返して無傷でいられるかもしれないが、その代わり**インフルエンザにはかかりまくるわ盲腸になっただけで手術ができずにあっさり死ぬわ**と、明らかに一般人と比べても弱々しい存在のような気がする。

ともあれ、そんなインフルエンザで苦しむ病弱な僧侶たちの集まる少林寺とはいえ、ここまで来たからには訪れずに帰るわけにはいかない。

オレは睡眠不足で意識朦朧《もうろう》としていたが、少林寺に伝わる「睡眠不足なら睡眠不足なほど強くなる」という**睡拳**を繰り出し、基本的にはフラフラしてるけど時々ババババッ‼　と鋭い動きと構えを見せ、そのまま市バスを乗り継ぐと嵩山を登り少林寺へ向かった。

しかし目指していた少林寺、実際にその姿を見てみると、それは**ごく普通の寺**であった。ただ僧侶が拳法を使うっていうだけで、少林寺の建物自体は他の観光地のお寺と全然変わらない地味さだね。

…………。

ということで、少林寺の観光は**終わった**。

幼い頃から憧れていた夢の地、少林寺。その憧れの地を実際に訪れ僅かながら体験入門により修行者たちの生活を垣間見てみると、少林寺というのは**細かいことは知らずに映画の中だけで見ているのが一番夢があっていい**ということを、オレはしみじみと学んだのであった(涙)。

さて、登封から北西に進み、古くは漢の時代から都として栄えていた西安に着いたところで遂に真冬の12月を迎えた。いよいよ帰国の月である。次の月末は、日本で迎えるのだ。

もう来月からは重いバックパックを背負って

歩くこともない。初対面の人々と排泄姿を見せ合うこともない。長距離バスに乗り見知らぬ土地に着き、心細く迷って宿を探す必要もない。だからといって、旅先でも日本でもオレは結局友達も彼女もおらず1人ぼっちで毎日過ごすということに変わりはない。**やかましいわっっ!!!**

季節が進むのと同時にオレは中国をどんどん北上しているため、ここのところ体感温度は急激に低下している。

とにかく寒い。靴もズボンも摩《す》り切れ、なにより過去には街路樹に寄りかかっていただけで枝に化けたナナフシに間違えられて、生物教師に採取され**学会でナナフシの新種「ハチフシ」として発表されそうになったほどの痩せ細ったオレ**のこの体に、12月の風はとことん沁みる。※その後保管されていた理科室の水槽から逃げ出して今に至ります

さらに常盤貴子……。

間違えた。

さらに時は過ぎて……。

始皇帝陵や兵馬俑などを回り世界引きこもり会議にも出席し、西安での日程も全て消化し

たオレは、またさらに北へ向かうため西安駅前の汽車站から山西省の太原《たいげん》を目指す長距離夜行バスに乗った。今、バスの中。

街を出るとすぐに中国大陸の真冬、とてつもなく黒く寂しい夜にバスは覆われた。見知らぬ土地の寒い夜というのはたまらん怖さがあるんだよもう（涙）。

しかし、車内では目下その空気を跳ね返すように、小さなモニターで功夫映画のＶＣＤが上映されている。

とかく長距離の移動中というのは娯楽を探すのが困難で、せいぜい国民的美少女コンテストの歴代グランプリ受賞者を古今東西風に順番に思い出してみるくらいしかすることがないため、ＶＣＤの上映が始まると内容にかかわらず必然的に前方の小さなモニターを注視することになる。そして車に乗っている時にそんな小さな映像を集中して見ているとどうなるかというと、**めっちゃくちゃ酔う。これが辛いんだ本当に。**

もちろん必殺のＶＣＤ酔いの毒牙にかかるのは貧弱外国人のオレだけでなく、地元の人々も同じだ。特に窓の開かないエアコンバスでは新鮮な空気が吸えないため、上映が始まってしばらくすると幾人もの乗客が車内で**ゲロロロ――――!!!　ねっちょびっちゃ〜〜ん!!**と盛大に吐いてしまったりするのだ。

なお、車内で吐く人のうちでもいかにもいぶし銀な雰囲気を漂わせている、「この人が軍隊に入ったら軍曹くらいにはなれそうだな」というような雰囲気のおじさんのことは、特別に**ゲロロ軍曹**と呼んでいる（オレが勝手に）。

ついこの間はオレの前の席でオレロレロレロレロレロレロレロレーッッッ!! と**口から子どもでも産んでいるのではないか**と思うほど威勢良く吐きまくっていた若い女性が、**吐いた5分後にカップラーメンを食べ始める**という常人にはとても真似できない離れ業を披露しており、オレは改めて4000年の歴史を持つ大陸の底力を見せつけられた気がしたのであった。

まあそれはそうと、そろそろ西安を出て2時間になる。1本目の映画の上映が終わり、オレはなるべく吐き気を抑えるため爽やかで清純なことを想像しながら（例えば相武紗季ちゃんと新垣結衣ちゃんがテニスのダブルスを組んでインターハイに出場しているシーンとか）胃液と戦っていると、バスはサービスエリアのようなところに入り停車した。どうやら、トイレ休憩らしい。

現在時刻は夜の11時である。サービスエリアといえども既にガソリンスタンドも売店も閉店しており、ただ遠くに見える公衆トイレの建物だけが、小さな電灯でぽつんと照らされている。

他の乗客についてオレも車外に出たのだが、バスから降りて10mほど歩いたところで、なんだか露出している肌の部分が**目の細かい紙やすりで懇切丁寧に擦られているかのように**ヒリッッヒリに痛いことに気がついた。

…………。

寒い。

なんじゃあこの寒さは〜〜〜〜〜っっっ!!! おおおおお〜〜〜っっ!!! トイレなんて行ってる場合じゃないぞっ!! ダメだっ!! もうダメ!! 戻る!!!

ファッションにこだわり冬でもヘソ出しフリルツーピース姿のオレは、あまりの低気温に命の危険を感じてUターンし、ダッシュで車内の寝台へ戻り毛布を被った。

なななな、なんでこんなに寒いんだ……。**ウェイシェンマ、ウェイシェンマこんなに寒いんだ……（涙）。**　※ウェイシェンマ＝なぜ、どうして

一歩バスを出るとそこはまさしく氷点下の世界であった。もう、寒いなんてもんじゃない。

本当に寒いなんてもんじゃない。寒いなんてもんじゃないって言っても暑いわけではなく、寒いは寒いんだけど。だからやっぱり、**寒いなんてもんだ。**寒いなんてもんだけど、ただ「寒い」だけでは済ませたくない、少なくともこの寒さを体験していない太平洋沿岸地域在住のご婦人に「わかるわよさくらくん、あなたは今、寒いのね？」などと**軽々しく口にしてもらいたくないけたたましい寒さだ。**

でも、日本語って難しいよね。「寒いなんてもんじゃない」が寒いことを指すんだもんね。そんな難しい日本語を小学校を卒業する頃には既にペラペラに喋っていたオレは天才かもね。

まあとにかく、どうにもこうにも寒いんですが。

西安からたったの2時間分北に進んだだけでこんなに寒いのに、これから我々はさらに10時間近く北上を続けるのである。ガイドブックを見たところ、目的の太原市は12月の平均気温がマイナス5℃、また、**平均の最低気温はマイナス10・5℃**ということである。

到着予定時刻は朝6時なので、日の出が遅いこの季節では最低気温にかなり近い数字が**期待される時間帯**だ。う〜〜〜〜〜〜〜む。**そんな時間に着いたら死んじまうっ。マイナス10℃の見ず知らずの暗い町で早朝に宿を探すところから始めなきゃいけないんだぞオレは。**頼むから遅れて到着してくれっ。今日に限っては遅れても文句言わないから。約束する。文句**言わないよぜ〜ったいい〜〜〜（槇原風）♪**　信用できないんなら、手書きでよければ「遅れても文句を言わない券」を臨時で発行してもいいから。

とりあえず暖房の効いたこの車内で備品のネッチョリ油っぽい毛布を被っている限りは、窓の外の氷点下の闇とは隔離されている。いいかオレ、この氷点下の闇が陽の光に照らされるまで、それまでは絶対にバスから出てはいかんぞ。これは勅命だ。いかなる理由があろうとも異を唱えることは許されない。もし太陽が昇る前にフラフラと町に迷い出たら、「さくら剛は旅先では死なない」という**不敗神話が崩れてしまうことになりかねない。**

例によって神経質すぎて（そしてハンサムすぎて）電車にしろバスにしろ夜行の移動では一切寝ることができないオレは、街道をかっ飛ばす車内から冷たく暗い外の景色を震えながら眺めていた。心の中で「うわ〜〜、めっちゃ恐いわ外……こんなところに放り出されたらまじで絶望だわ……たとえ日本棋院所属の癒し系女流棋士・万波奈穂プロにお願いされたとしても今回ばかりは外に出られないわ……」とひとりごとをつぶやきながら。

すると、朝の4時少し前というディープインパクトな時間に、再びトイレ休憩のためバスは道端に停車した。……なあ、朝の4時に、トイレ休憩が必要か？　よく考えろよ。**トイレにも迷惑だろうがこんな時間に押しかけたらっ!!!**

今外に出たらワカサギでも凍死しそうなブリザードな状況であるのに、他の乗客は一斉にバスから降りて行っている。あんたらさあ、肌の温度センサーちょっとおかしくない？　そういうところがやっぱり中国製だよね。オレの肌センサーなんてメイドインジャパンで精密にできてるから、反応が敏感でとても出て行ける状況じゃないよ。

「おーいそこの若造！　おまえも降りろよ！」

こんなところで外のトイレに行くくらいなら満を持して漏らした方がマシじゃっ!!!」

「じゃかましいっ!!!　オレは降りんぞっ!!

休憩中に車内清掃でもしたいのか、料金係のおっさんがしきりに車から出るように命令してくる。でもオレは、決して動じない。オレは降りん。なにがなんでも降りん。降りんと言ったら降りん。数年前に放送していたテレビ東京の地味な時代劇は**「逃亡者おりん」**。

おっさん言っとくけどなあ、無理やりオレを引っ張り出そうなんて思わない方がいいぜ。日本人は軟弱だから力ずくで従わせればいいなんて思ったら大間違いだ。何を隠そうオレは、あの嵩山少林寺で修行した男なんだぜ？　少林寺での苦しい修行により、**強力な秘技を身に付けた男なんだぜ。**もしまかり間違ってオレに手を出そうものなら、あんたはその技を目の当たりにすることになるぞ。見たいのか？　**見せて欲しいかっ!!　ペットボトルにはみ出さず見事にオシッコを入れる秘技をっっ!!!　達人の域に達したスムーズさで決して手を濡らさずに注入することができる**

んだぞっ（数滴が付くくらいなら濡れたことになりません）!!!

頑強に降ろそうとしてくる料金係を無視し続けながら窓の外に目をやると、バスの下のトランクが開けられ、他の乗客が荷物を受け取り一斉に四方に散って行くのが見えた。いったい朝の4時からどこを目指すんだあんたらは。

…………。

あの。この光景って、**もしかして。**

「あの〜、つかぬことをお伺いしますが、ここはひょっとして終点の太原ですか？　太原到了（タイユエンタオラ）？」

「そうだよっ！　もう車庫に入るんだからとっとと降りろって言ってんだよっ!!　この営業妨害野郎!!」

「はーい……」

オレは慌ててバスを降り、**3歩進んだところで凍えて身動きが取れなくなった。**

あああやあ〜〜〜〜っっっ!!!　ぎゅあああああアイヤ〜〜〜〜っっっ!!!　寒い〜〜〜〜っっっ!!!　ぎゃしゃ〜〜〜〜っっ!!!　ぎょしょ〜(魚醬)〜〜〜〜っっっっ!!!

バスは走り去り、オレはただ1人太原の真っ暗な歩道に取り残された。**ここはどこなんだ(号泣)。**今、朝の4時。どう考えても1日のうちで最低気温の達成が**最も期待される時間。**忘れないように復習すると12月の太原の平均最低気温はマイナス10℃である。なるほど、これがマイナス10℃の世界か。そりゃあオシッコも凍るわ……**ってオレのバックパックがっ!!!　ぐお〜〜〜〜っ!!!**

オレの巨大なバックパックはトランクから出されて街路樹の根元に張った氷の上にスコーンと放り出されていたのだが、その氷は、色が妙に黄色な上に、なにやら**泡立った状態で固まっている。**いやはや……。**これはどう見ても、お小水の水溜まりが凍ったものではないか。名づけて「おしっ氷」ではないか。**

う……、**いいんだよっ!!!　凍ってるからいいんだっっ!!!**

ほら、こうしてバックパックを拾い上げればおしっ氷とバックパックは完全分離、**最初**

から一切触れていなかったかのようじゃないっ‼　全然汚くないじゃないい!!!

というか汚くても汚くなくてもどっちでもいいけど、**寒いっ‼　冷たい〜〜っっ!!!　冷たいのも汚いのも冷たいのも寒いのも汚いのもいやだ〜〜〜〜っっ（号泣）!!!**

っていうか、きっとこれはおしっ氷じゃなくて、**レモンシロップのカキ氷だよ。よく道端に落ちてるもんねレモンシロップのカキ氷。厳冬とはいえ。**

オレはバックパックを背負い腹にもリュックを抱え手提げ袋を持ち、合計30kgの荷物を身に付けたまま完全にどうしたらいいかわからなくなった。

寒い。ここはどこだ。痛い。いつになったら陽が昇るんだ。**このままだと太陽より先にオレが天に昇るのではないか。**だいたい、**なんで今日に限って早く着くんだよっ!!!　今日以外はいつも遅れるくせにっ‼　バスが予定より早く着いたのなんて中国に来て初めてだぞっっ!!!　「今日だけはどうかいつも通り何時間も遅れて到着してください」と祈っている、その今日だけになんで能力を超えた奇跡を見せて予定より早く着くんだっ‼　わざとだろう‼　絶対オレが乗ってるのを知ってて嫌がらせ**

してるんだろうっっ!!!　さみ〜〜〜〜〜〜〜〜〜っっっっっ!!!

とりあえず、立ち止まっていると本格的に凍死しそうだったのでオレは歩いた。**人通りのない暗い氷点下の、午前4時の中国の見知らぬ町を歩いた。**するとしばらくして運良く道端に停まっているタクシーを見つけたのだが、屋根のランプはついているもののエンジンはかかっておらず誰も乗っていないようだ。と思ったら、近づいてみると中で運転手が寝ていた。

「ウワシャーーーッッ!!　ここに寒さから逃れるためならどんな大金でも払う気でいる上客がいるのに、のうのうと寝ているとは何事だ〜〜〜っ!!!　それでも金に汚いタクシードライバーかおまえは〜っっ!!!　ドゴ〜〜ン!!」

「ハオッ!!　オ、オーー！　ニーチュイナーリ!?」

「どこでもっっ!!!　どんなに高くてもいいから、私をお宿に連れてって(涙)!!!　部屋に！　部屋というものの中に入れてください私をっ!!　金が足りなかったら体で払うからっっ!!　この豊満な体でっっ!!!」

「トエ。ライライ！」

するとき、開いた。タクシーのドアが。**乗った。タクシーに。**

早朝に叩き起こされたドライバー（早朝ドライバー）は完全に寝ぼけたままジグザグ走行で太原の町を走り、オレはやっとのことで深夜営業のサウナ兼お宿にたどり着くと、覚醒した早朝ドライバーからもサウナからも**派手にボッタくられた。**

いいんだ。命さえあれば再起を図ることはできる。劉邦の軍師の韓信だって、つまらぬ争いを避けるために乱暴者どもの言うがまま彼らの股をくぐったではないか（韓信の股くぐり）。今はとにかく何よりも暖房が大事である。**命より暖房が大事である。**

サウナ兼お宿はボッタくられたとはいえとても防寒対策には力を入れており、オレはなんとかそこで暖まって、４時間ほどぐっすり眠ることができた。しかし昼前に起き出すと、またバックパックを背負いチェックアウト。さて、ここまで来るのはタクシーに身を任せていたため、今自分がどこにいるのか全然わからん。

サウナお宿から一歩外に出ると、氷点下の風がオレの弾《はじ》ける果実のような頬をカチコチキッチーーン！　と凍らせる。今なら、**ほっぺたで釘が打てる状態だ。**……だからといって、もちろん本当にほっぺたで釘を打ったりはしないよ。なぜなら、プロの大工さんが使い慣れた専用の道具で釘を打つからこそ、耐久性や安定性に優れ見た目にも均整のとれた美しい家ができ上がるんじゃないか。もしあなたが家を買うとしたら、ほっぺたやバナナで釘を打った家に大金を払おうと思うかい？　思わないだろう。住まいっていうのは、一生の問題なんだよ。**そこまで考えてから物を言うようにしろよなっっ!!!　でき上がった家を買う覚悟がないんなら、「ほっぺたで釘を打ってみてよ」なんて簡単に言うんじゃないよっっ!!!**

「タクシ〜〜っ!!　出租汽車〜〜!!　ちゅーつーちーちょー!!」

宿の前の通りにまきびしを撒いて無理矢理タクシーを停めると、荷物を放り込んで太原駅前まで連れて行ってもらう。

駅前で降りるとすぐ近くに長途汽車站があった。他の都市と同じく汽車站にはたくさんのバスが並んでいて、発車直前のバスの料金係はわかりやすいように車外に出て行き先を叫んでいる。だが、あまりの寒さでもう冷静でいられないのだろう、行き先を叫ぶというより彼らの声は完全なる**絶叫**になっている。また、バスに乗る人、降りてどこかに行く人、ただの通りがかりの人、どの人も移動は基本的に**全力疾走**。止まると凍るからだ。

近くの売店に陳列されているペットボトルのジュースも、冷蔵庫に入っているわけでもないのに全て凍っている有様。常温で凍っているということは、どうやって飲むんだ？　春を待って飲むしかないのか??

近隣を歩きながら今日の宿を物色しようとしたオレだったが、すぐに荷物を持つ指が千切れそうに冷たくなり、もはや最初に見つけた旅社（安宿）に飛び込むしかなかった。

しかしその宿の部屋は洋式トイレ付きにもかかわらず、トイレのふたを開けると**前の宿泊客の出したもの**が水面にぷかーんと漂っており、なおかつレバーを捻《ひね》っても一切流れないのだ。**いえ～い！　中国最高だぜっ!!!　普通だったらこんな部屋に新しい客を入れないよ絶対⁉　嬉しいなあ！　他の国でも滅多に味わうことができない貴重な経験だぜっっ!!!**

……………。

アフリカから中国まで。オレはこの旅で、いったいどれだけの人種の、何百人分の排泄物を見てきたのだろう。

やっぱり旅って素晴らしいな。**だって日本で生活していたら、一生かかってもこんなに数多くの汚物は見ることができないんだから。日本人１００人が一生のうちに見**

られるかどうかの数の汚物に、オレはたった1年で出会えてしまったんだ。すごく身の詰まった経験をしたなあオレ。

なお、旅社の流れないトイレには使うたびに当然のごとく出した物（大小かかわらず）がどんどんどんどん蓄積されていき、翌朝には**本当にひどいことになっていた。**オレの精神も崩壊していた。

チェックアウトの時はトイレにはフタをして逃げたけど、これ掃除する人どうするんだろうか。**フタを開けた瞬間ものすごい反日活動家になって日本大使館に投石するんじゃないだろうか。**でもオレのせいじゃないよそれ。オレの前の宿泊客の時から既に流れてなかった上に、そんな部屋に案内したのはあなたたちなんだから。恨むなら日本じゃなく、雇い主を恨んでっ。

あまりにも腹立たしいのですぐにオレは次の町へ移動した。東の町・邯鄲《かんたん》、そして石家庄《せっかしょう》へ。寒さのピークは太原の街だったが、しかし多少マシになったとはいえまだまだ氷点下の世界からは出られない。

寒い中でバスに乗っていると当然のごとく窓に結露がつくのだが、もうここ最近はその窓の内側についた結露ですら凍っている。窓の外ならまだわかるが、内側なのに凍っているんだぞ?? 氷河期かよっ。

しかし寒さと戦いながら……「観光」はバックパッカーの義務。目的地に着いたら、必殺の**大暴れ猛ダッシュ観光（常に走り回り、停止中もその場で駆け足して少しでも寒さを軽減しながら行う観光）**を繰り出して修練を重ねる。

下の写真は石家庄からバスで約2時間のところにある、「背水の陣」跡地だ。前述した劉邦の家臣・韓信が、兵たちに決死の覚悟で戦わせるために、「退いたら死あるのみ」という川を背にした布陣で敵に挑んだ有名な古戦場である。

いや〜〜しかし、**確実に歩いて渡れますねこれ。**

この程度の川でも退いたら死あるのみとは、もしかして当時の兵士は**水溶性**だったんだろうか。最《も》中《なか》みたいな材質でできていたとか……。

実際の現場がこれだとしたら、本来「背水の

陣」という言葉は**ダメならダメでなんとかなる**という意味のはずだよね。それがなぜか時代を経て徐々に「後がない」という意味に変わっていったんだろうな。やっぱり、言葉って生き物なんだね。

数え切れないほどの中国の見所を走り回り、もうやりきったと判断した次の日、オレはこの旅で最後の長距離バスに乗り北へ、北京へ向かったのである。

18　旅の終わりに

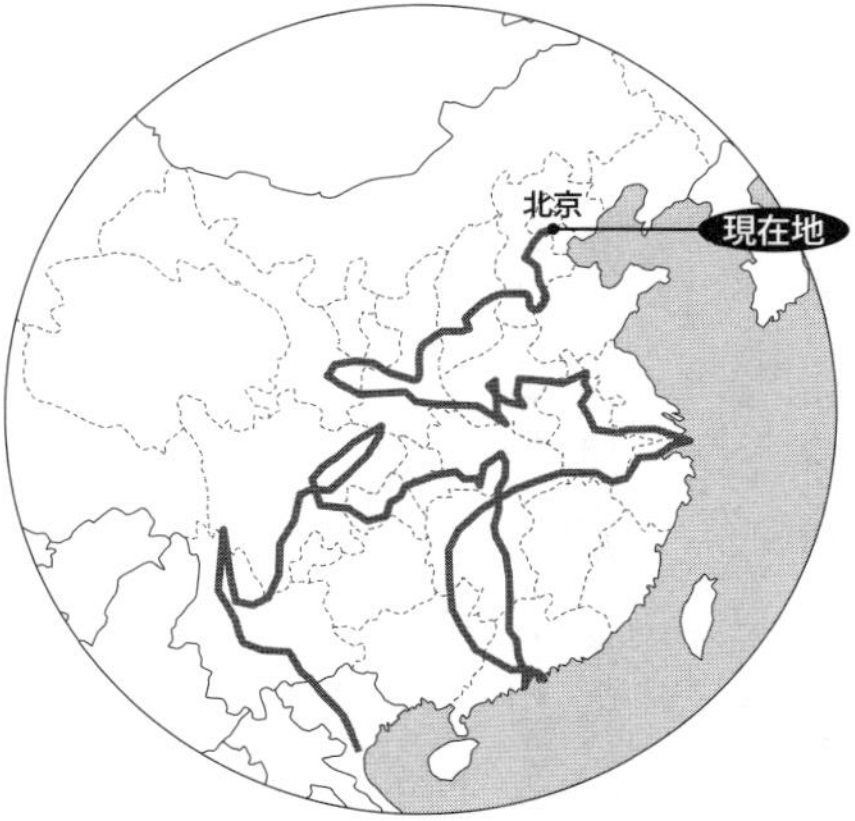

今でこそ何カ月も中国大陸をさ迷い、ねちょねちょと中国に馴染《なじ》んでいる心身ともに中華風のオレであるが、そもそもこの旅は遠くアフリカ大陸から始まったものであった。

南アフリカ共和国の南端、喜望峰から出発しアフリカ大陸を北上、中東を経由して進路を東に変え、アジアを横断して中国までやって来た。全財産を盗まれたりひったくりにあったり銃声から逃げ回ったり食中毒や肺炎で倒れたりお漏らしでパンツを汚したりしたが、1年がかりでようやく、最終目的地の北京に着いたのだ。

ああそれにしても寒い……。

12月の北京は、1日の最低気温がマイナス8℃で最高気温はマイナス1℃とか、そんな状態である。オレは今まで出す本出す本で繰り返し2000回以上書いているが、本当に心の底から寒いのが苦手なのだ。暑いのも苦手だけど。**暑いのも寒いのも不衛生なのも疲れるのも怖いのも不味《まず》いのも全部苦手なの（涙）。とにかく我慢ができないの（涙）。ダメ人間なの（涙）。**

よく考えてみればオレはそんな軟弱な自分に嫌気が差して、根性を叩き直し強い人間になるためにこの長い旅に出たのだが、どうやら**まったく一向にゆめゆめ何の成果も上がっていないようだな。**

だいたい、赤ん坊の頃から20年以上もずっと適温で清潔な都会の部屋の中で軟弱に生きて来たんだから、もうオレは「軟弱人間」として**人間形成が完成しているん**だよ。「三つ子の魂百まで」と言われるが、三つ子どころか20年間も我慢を放棄していた人間が、今さらアフリカを縦断しようとアジアを横断しようと根本から変わることなんてできるわけがないんだ。

気付いたんだよ、オレは。**1年かけて修行のために世界を旅した結果気付いたんだよ。こんなことをしても自分は変わらないいってことに。**

あ〜あ。そんな簡単なこと、**最初の1週間で気付けばよかった……（涙）**。そしたらすぐに帰国して、全てを諦めたまま裸体のニート（ラタイ・ラマ）として雨戸を閉め切った部屋でインターネットやゲームに没頭しながらこの1年を有益に過ごせたのに。それが、**「旅をすれば何かが変わるかも」**なんていうくだらない幻想を捨て切れなかったために、だらだらと旅を続けいらぬ犯罪被害や下痢や入院や汚物やネチョンに苦しむ羽目になったのである。

しかしこの本の最初でも少し書いたが、オレのこの旅での目的には、自分を鍛えることと共に「中国へ行ってしまった彼女を追いかける」というものもあった。というより、そもそもそれが全てだったと言ってよい。

ただ彼女を追いかけるといっても、こんなしょーもない自分に魅力などひとつもないということがよくわかっていたため、わざとスタート地点を遠くに定め、もっと強くなって、今はスカスカな自分の中身を埋めながら中国に、彼女に会いに行こうと思い旅をスタートしたのである。

ところが、世界地図を眺めて適当に一番遠い所、アフリカ大陸の最南端をスタート地点に定めてしまったために、結果彼女にフラれてから北京に辿り着くまでに**遥かなる歳月**が流れ、もはやオレのことなど**彼女の記憶からもとっくに消えただろう**と思われる、現在今しがた（北京にて）の状況なのである（涙）。

結果から言って、当たり前のことであるが、オレは彼女に会えなかった。そもそも今の時点でまだ彼女が中国にいるかどうかもわからないし、仮に今もこの国のどこかにいるとしても、それがこの広い中国の中のいったいどこなのかという情報すらオレは持っていなかったのだ（なに〜〜！）。

とはいえ、この旅を終わらせるためにひとつのけじめをつけたかったオレは、唯一彼女の連絡先として把握していたメールアドレスに「北京駅で待っています」というメッセージを送り、凍えて氷像になりながら北京駅前で3日間佇《たたず》んでいたのだ。

そして、3日目の夕日が北京の高層ビルの谷間に消えて行った時、地球の反対側から始まった、果てしなく長く感じられたオレの旅は終わったのである。

当然であるが、3日間冷気に体を晒していたため、締めくくりにふさわしくオレは**下痢になった（涙）**。ああ寒い（涙）。おなかいたい（号泣）。

最後に少しだけこの旅を振り返ってみたい。自分の根性を叩き直すことはもはや不可能だと悟ったとしても、30年近く部屋にこもっていたオレが日本を出て旅したことにより僅かでも学んだこと、変わったことはあったのか。オレは人に対して、一人旅を薦めることができるのだろうか？

世間には、連休になるとこぞって海外旅行に出かける人たちがいる。ゴールデンウィークや夏休み、国民の祝日に有給休暇を加えて東南アジアやヨーロッパに足を運び、帰国した次の日には疲れも見せずに会社に出勤、お土産に買って来た費用効率の良い小さなお菓子を箱からひとつずつ取り出して配っている人の姿というのは、どんな職場でも必ず見ることができると思う。

それまで一度も日本を出たことのなかったオレは、そうやって海外に出かけてはお土産を配る人たちを見て、「どうしてせっかくの休みなのにわざわざ海外旅行なんていう疲れることをするんだろう？　休日は雨戸を閉め切った暗い部屋で裸でゲームをし続けてストレスを発散する方がよっぽど有意義な過ごし方だろうに」とつくづく不思議に思っていた。海外旅行がどういうものかも知らなかったが、それでもオレの目に彼ら、彼女らは、**休みなのにことさら体に負担をかけるおかしな人たち**として映っていた。

しかし……。いざ自分が日本を離れてみて、こうして1年にわたって旅というものを経験してみて、オレは、よーーくわかった。**やっぱり彼らはおかしいのだと。**

旅とは何か。オレの中での偽らざる理解を述べよう。

旅とは……、**苦しみである。**旅とは、**下痢である。**旅とは、**病気と我慢とストレスと汚物との戦いである。**

おかしいだろう？　**そんなものと戦うために連休に有休までくっつけて出かける人たちが、おかしくなくてなんだというのだ。**

…………………。

えっ？

してないの？

普通の人は海外に行ってもそういう、例えば屈辱に耐えながら1本の溝の上に現地の人たちと尻を出して並んで、こんもりと積み上がった他人の排泄物の塊に怯《おび》え悔し涙を流しながら自分もそこに用を足すような、**そういう基本的人権を侵されるような絶望的な気分になる体験をしてないの??**

……えっ?

海外旅行は、**一般的には楽しいものなんだって??**

し、知らなかった……。そうだったんだ……普通は、海外旅行って楽しいものなんだ……。

じゃあ、そうなると、**僕が今までしていたのはなんだったんですかね。これは海外旅行じゃなかったんですかね。なんか間違ってましたか僕??**

そうたしかにオレは、旅をしていて楽しいと感じたことは、1年間を通してほとんどと言っていいほどなかった。割合にしてだいたい10日のうち9日と12時間は町を歩きながらバスに乗りながら、「帰りたい帰りたい早く日本に帰りたい……(涙)」と心の中でひたすら呟いていた。

ただ、苦しい旅には苦しい旅なりに、自分を変えることはできなくとも僅かな得るものはあったと思う。

思えば日本を出る前のオレというのは、ただ何も考えずに何ものにも感謝をせずに、家にこもり怠惰を貪《むさぼ》りながら電子機器と向かい合う日々を漠然と過ごしていた。

でも、その点についてはこれからのオレはもう違うと言える。なぜならオレは、遥か異大陸から始まった旅を終え、世界に目を向けて考えれば日本に生まれたというそのことだけで、どれだけ自分が恵まれているのかということを理解したからだ。

きっと帰国してからのオレは、清潔なトイレも快適なホットシャワーも完備された空調の効いた部屋で、言葉の壁も今夜の宿も心配いらない状態で引きこもれるという幸せを嚙み締め、**感謝の心を忘れずに大きな喜びを持ってゲームにインターネットに没頭することだろう。同じ引きこもりでも、以前のオレとは違う。旅に出る前よりも何倍も楽しみを感じながら、自分の運命に感謝して心から引きこもり生活を堪能することができるだろう。**


いやあ。

まさか旅に出たことで、**逆に日本のインドア生活の素晴らしさを再認識することになるなんて。**まったく驚いたなあ。これは読者のみなさまにも予想不可能な展開だったのではないだろうか。

そして、もうひとつわかったことはこれだ。

一人旅は、下痢やストレスの他に「流れない時間」というものとの戦いの日々であった。しかし、時というのは過ぎるものなのだ。どんなに暇を持て余しても、永久の絶望の中に落ち込んだかと思える深い悲しみや苦しみの底にいても、5分たりとも耐えられないと思っていても、必ず1秒ずつ時間は進み、明日が来て明後日が来るのだ。

その発見が、旅で得たものか。


さて。これをもってオレは、旅を引退しようと思う。もう今後は1人で旅をすることも、辛い体験を紀行文に記して出版することもないだろう。

なぜって……、だって、もう**イヤだから。もう自分が苦しむことで人を喜ばせるのはイヤなんだっっ（涙）‼　こんなもん体がいくつあっても足りないんだよテメエっっ（号泣）!!!**


それにしても、遠かった中国。

中国でも世界でも日本でも、たくさんの人に助けられた。どうやら政治や歴史が絡まなければ、人間は誰とでも友達になれるみたいだ。

あの時に乗ったバスの運転手、両替をしてくれた銀行員、道を教えてくれた人、パスポートにスタンプを押してくれた国境の役人、部屋を貸してくれた宿の従業員、食堂のおじさんに病院の先生に近所のノラ犬。自分の力で成し得たことなんて何もなく、オレは世界中のいろんな人に少しずつ助けられ、寄ってたかって無理矢理に旅を成立させてもらった気がする。

日本語で彼らに「どうもありがとう」と言って、この旅を締めくくりたい。

この作品は書き下ろしです。原稿枚数633枚（400字詰め）。

幻冬舎文庫

●好評既刊
アフリカなんて二度と行くか！　ボケ!!
……でも、愛してる（涙）。
さくら剛

引きこもりが旅に出ると一体どうなるのか!?　妄想とツッコミでなんとか乗り切るしかない！　追いつめられたへなちょこ男子・さくら剛の毒舌が面白すぎて爆笑必至のアフリカ旅行記。

●好評既刊
アフリカなんて二度と思い出したくないわっ！アホ!!
……でも、やっぱり好き（泣）。
さくら剛

「仲間」と呼べるのは戦士や僧侶、魔法使いだけ……という引きこもりが、突然アフリカ大陸を縦断することに！　一体どうなる!?　泣くな、負けるな、さくら剛！　爆笑アフリカ旅行記、第二弾。

●最新刊
88ヶ国ふたり乗り自転車旅
北米・オセアニア・南米・アフリカ・欧州篇
宇都宮一成
宇都宮トモ子

自転車オタクの夫と自転車にほとんど乗れない妻が旅に出た。妻はさっさと行ってさっさと帰ろうと思っていたのに、気付けば10年。喧嘩あり、笑いあり、でも感動ありのタンデム自転車珍道中!!

●最新刊
メモリークエスト
高野秀行

「あいつ、どうしてるかな？」という誰かや、「あれは何だったんだろう？」という何か。そんな記憶を募集して、国内・海外問わず探しにいくという酔狂極まりないエンタメノンフィクション！

●最新刊
アジア裏世界遺産
とんでもスポットと人を巡る28の旅
マミヤ狂四郎

ほっぺに串刺しのスリランカの祭り、シュールな妖怪が迎えるインドの遊園地、必ずＵＦＯが好きになるトルコの博物館……。アジアの混沌で出会うバカバカしくてちょっと羨ましい裏世界遺産！

幻冬舎文庫

●最新刊
世界よ踊れ
歌って蹴って！28ヶ国珍遊日記
南米・ジパング・北米篇
ナオト・インティライミ

「ワールドツアー」の下見に出かけた世界一周の旅も折り返しに突入し、溢れる情熱と行動力はさらにヒートアップ。各地で一流アーティストと絡み、世界の音楽を体感。熱い旅の記録、完結篇。

●好評既刊
世界よ踊れ
歌って蹴って！28ヶ国珍遊日記
アジア・中東・欧州・南米篇
ナオト・インティライミ

世界の音楽に触れ、人間的にパワーアップするため世界一周の旅に出たナオト。行く先々で草サッカーに無理矢理混ざり、路上ライブを勝手に開催。情熱と行動力で異国にとけ込む、一人旅の記録。

●好評既刊
いちばん危険なトイレといちばんの星空
世界9万5000km自転車ひとり旅Ⅱ
石田ゆうすけ

世界一周旅行で見つけた「美人の多い国」「こわい場所」「メシがうまい国・まずい国」など、独断で選んだ〝マイ世界一〟の数々。抱腹絶倒の失敗談や出会いのエピソード満載の痛快旅エッセイ。

●好評既刊
グアテマラの弟
片桐はいり

グアテマラの古都・アンティグアに家と仕事と家族を見つけた弟。ある夏、姉は十三年ぶりに弟一家を訪ねる旅に出た。まばゆい太陽とラテンの文化で心身がほぐれていく。旅と家族の名エッセイ。

●好評既刊
パリでメシを食う。
川内有緒

三つ星レストランの厨房で働く料理人、オペラ座に漫画喫茶を開いた若夫婦、パリコレで活躍するスタイリスト。その他アーティスト、花屋、国連職員……パリに住み着いた日本人10人の軌跡。

幻冬舎文庫

●好評既刊
つまさきだちの日々
甲斐みのり

綺麗なワンピース、映画の少女、あの人との恋。少女の頃の憧れは、大人になっても時々そっと元気をくれる。〈いつでもなにかに恋をして、あこがれ尽きない女の人たち〉へ贈るメッセージ。

●好評既刊
空とセイとぼくと
久保寺健彦

犬のセイと二人きりでホームレス生活をしながら生きようとした少年・零。その数奇な運命と、犬との絆を守りながら成長する姿を、ユーモアとリアリティ溢れる筆致で描いた傑作青春小説。

●好評既刊
携帯の無い青春
酒井順子

ユーミン、竹の子族、カフェバー、ぶりっ子……。「バブル」を体験した世代の青春時代のキーワードから「あの頃」と「今」を比較分析。「バブル」世代の懐かしくもイタい日々が蘇るエッセイ。

●好評既刊
21 twenty one
小路幸也

二十一世紀に、二十一歳になる二十一人。中学の時、先生が発見した偶然は、僕たちに強烈な連帯感をもたらした。だが、一人が自殺した。なぜ彼は死んだのか。〝生きていく意味〟を問う感動作。

●好評既刊
俺ひとり
ひと足早い遺書
白川　道

生粋の無頼派作家は、今の世をどう見るのか？勘違いした成金達をバッサリ斬り捨て、携帯電話とインターネットを「最悪の発明」と断ずる——痛快すぎて拍手喝采の名エッセイ！

幻冬舎文庫

●好評既刊
誰も死なない恋愛小説
藤代冥砂

体だけの関係に憧れる、自称・さげまんの19歳女子大生。ストーカーと付き合ってしまうグラビアアイドル……。稀代の写真家が、奔放で美しい11人の女性たちを描いた初めての恋愛短編集。

●好評既刊
小説　郵便利権
小説　会計監査2
細野康弘

民営化される郵便公社の社長に就いた山内豊明は、民営化に絡む利権の数々を白日の下に晒しはじめた。選挙操作、癒着、アメリカの思惑……。郵便改革の欺瞞を暴くリアル経済小説。

●好評既刊
走れ！　T校バスケット部3
松崎　洋

思い出深いT校を卒業し、それぞれの道に進んだバスケ部メンバー。一方、ホームレス薄野の行方は、依然不明のままだった——。将来を考え始めたT校メンバーを描く大人気シリーズ、第三弾。

●好評既刊
渚の旅人
かもめの熱い吐息
森沢明夫

2011年3月11日の東日本大震災前に著者が旅した東北。そこで出会ったのは住民達の優しさだった。震災後の今こそ伝えたい、そして取り戻さなければならない東日本の魅力を綴った旅エッセイ。

●好評既刊
体育座りで、空を見上げて
椰月美智子

五分だって同じ気持ちでいられなかった、あの頃。長い人生の一瞬だけれど、誰にも特別な三年間。主人公・妙子の中学生時代を瑞々しい筆致で綴り、読者を瞬時に思春期へと引き戻す感動作！

中国《ちゅうごく》なんて二度《にど》と行《い》くかボケ!

……でもまた行《い》きたいかも。

さくら剛《つよし》

平成23年7月10日　初版発行
平成24年4月10日　4版発行

発行人——石原正康
編集人——永島賞二
発行所——株式会社幻冬舎
〒151-0051東京都渋谷区千駄ヶ谷4-9-7
電話　03(5411)6222(営業)
　　　03(5411)6211(編集)
振替00120-8-767643
印刷・製本—図書印刷株式会社
装丁者——高橋雅之

幻冬舎文庫

ISBN978-4-344-41702-1　C0195　さ-29-3